essentials

Springer Essentials sind innovative Bücher, die das Wissen von Springer DE in kompaktester Form anhand kleiner, komprimierter Wissensbausteine zur Darstellung bringen. Damit sind sie besonders für die Nutzung auf modernen Tablet-PCs und eBook-Readern geeignet. In der Reihe erscheinen sowohl Originalarbeiten wie auch aktualisierte und hinsichtlich der Textmenge genauestens konzentrierte Bearbeitungen von Texten, die in maßgeblichen, allerdings auch wesentlich umfangreicheren Werken des Springer Verlags an anderer Stelle erscheinen. Die Leser bekommen „self-contained knowledge" in destillierter Form: Die Essenz dessen, worauf es als „State-of-the-Art" in der Praxis und/oder aktueller Fachdiskussion ankommt.

Oliver Meidl

Globales Webdesign

Anforderungen und Herausforderungen an Globale Webseiten

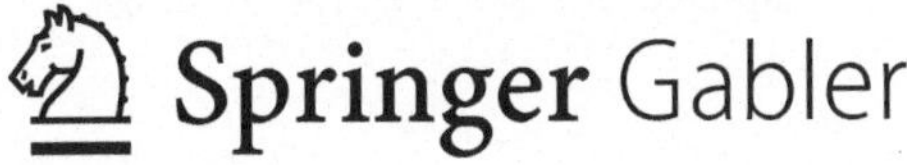

Oliver Meidl
Universität Klagenfurt
Klagenfurt am Wörthersee
Österreich

ISSN 2197-6708
ISBN 978-3-658-04087-1
DOI 10.1007/978-3-658-04088-8

ISSN 2197-6716 (electronic)
ISBN 978-3-658-04088-8 (eBook)

Die Deutsche Nationalbibliothek verzeichnet diese Publikation in der Deutschen Nationalbibliografie; detaillierte bibliografische Daten sind im Internet über http://dnb.d-nb.de abrufbar.

Springer Gabler

Gedruckt auf säurefreiem und chlorfrei gebleichtem Papier

Springer Gabler ist eine Marke von Springer DE. Springer DE ist Teil der Fachverlagsgruppe Springer Science+Business Media
www.springer-gabler.de

Vorwort

Webdesign im internationalen Umfeld ist ein Thema, das durch die fortschreitende Internationalisierung des Handels, die Zunahme interkultureller Kommunikation und globale Vernetzung fortschreitend an Relevanz und Wichtigkeit gewinnt. Es beinhaltet eine Vielzahl von Anforderungen an Webauftritte und adressiert Herausforderungen in einem heterogenen, multinationalen Umfeld. Das vorliegende Buch beschreibt die relevanten Aspekte und optimiert sie zu einem Prozess, der sich vor allem mit zwei Attributen beschreiben lässt: Er ist zukunftsweisend und spannend!

Die vorliegenden Ausführungen sind meinem Buch „Global Website – Webdesign im internationalen Umfeld" entnommen. Sie fassen Schlüsselkapitel prägnant zusammen und gehen dabei sowohl auf Anforderungen an die Gestaltung von Webseiten als auch auf Herausforderungen von globalen Webseiten ein.

Zur Unterstützung des Leseflusses und aus Platzgründen wurde von der Verwendung von Fußnoten abgesehen. Eine ausführliche Auflistung verwendeter und weiterführender Literatur ist im Anhang enthalten. Deren Zuordnung zu den einzelnen Abschnitten ist im zugrunde liegenden Ursprungswerk ersichtlich.

Nach einem Jahr, das wohl dem Bild einer Hochschaubahn nahekommt, gilt mein Dank an dieser Stelle meiner Familie und lokalen wie internationalen Freunden, die meine begrenzte Verfügbarkeit zwischen Dienstreisen und Fortbildungsterminen toleriert haben. Weiters möchte ich all jenen danken, die uns Türen geöffnet haben, sei es im Zusammenhang mit Gesundung, Weiterentwicklung oder Anerkennung. Dazu gehört vor allem die Möglichkeit zur Teilnahme an der vorliegenden, neuen Buchreihe „Springer Essentials".

Wien, am 6. September 2013 Oliver Meidl

Inhaltsverzeichnis

1 Einleitung

Die Online-Welt vereint Faszination über neue Möglichkeiten mit zunehmender Selbstverständlichkeit, welche ihren Einsatz in verschiedensten Bereichen voraussetzt, ja geradezu fordert. Webseiten stellen jederzeit und jeder Orts abrufbare Inhalte zur Verfügung, die Menschen helfen, berühren und vor allem informieren. Untrennbar mit ihnen verbunden ist die Disziplin des Webdesigns. Es umfasst die Planung und Erstellung derselben Webseiten. Dabei hat es die ansprechende Gestaltung von Online-Inhalten zum Ziel.

Das Internet ist ein zutiefst globales Medium. Es ist nicht auf nationale Grenzen eingeschränkt und so hat jede Webseite die Chance auf ein breites, internationales Publikum. Im selben Maße, in dem Internationalität und globale Vernetzung fortschreiten, liegt es am Webdesign, diese Chance auf globale Relevanz zu nützen. Das vorliegende Buch gewährt Einblicke in Grundlagen des globalen Webdesigns. Es fasst eine Vielzahl praxisrelevanter Überlegungen zusammen, die den Erfolg oder Misserfolg eines Webauftrittes mitbestimmen.

Ausgehend von gestalterischen Anforderungen an das Design, bespricht es inhaltliche Relevanz ebenso wie Grundregeln der Usability und damit des Nutzerkomfortgrads. Denn nicht zuletzt ist es der Benutzer, der von Webseiten angesprochen und für dargebotene Inhalte interessiert wird, um der Webseite Aufmerksamkeit und damit Erfolg zu schenken.

Technische Kompatibilität ist genauso ein wichtiges Thema wie die Vorbereitung ausreichender Sicherheitsvorkehrungen. Dazu gehören Anforderungen, welche den Bestand einer Webseite in einem zunehmend mobilen Umfeld bewerkstelligen. Rechtliche Kompatibilität berücksichtigt Compliance mit lokal unterschiedlichen Gesetzen und Gesetzmäßigkeiten. Ein Hauptaugenmerk liegt auf Datenschutz und Urheberrechtsschutz im digitalen Umfeld.

Es sind jedoch nicht nur die praktischen Vorgaben und die handwerklichen Fertigkeiten der Webdesigner, die den Erfolg von Webseiten im globalen Umfeld ausmachen. Ein ernstzunehmendes Thema sind Herausforderungen, die aus

O. Meidl, *Globales Webdesign*, essentials,
DOI 10.1007/978-3-658-04088-8_1, © Springer Fachmedien Wiesbaden 2014

„kulturellen Stressoren" entstehen. Der Transport von Inhalten zwischen unterschiedlichen Kulturen erfordert grundlegendes Verständnis für lokal-bedinge Eigenheiten wie auch Gemeinsamkeiten. Die Sensitivität für Unterschiede im sozial-kulturellen Umfeld macht einen globalen Internetauftritt aus.

Internationales Webdesign berücksichtigt eine Summe von „Requirements" wie auch „Challenges", die sich bei der Planung und Entwicklung eines globalen Internetauftrittes stellen. Ausgangspunkt bilden hierzu Anforderungen an den Web-Content und das Design der zu vermittelnden Inhalte.

Anforderungen an die inhaltliche Gestaltung

2

Das Internet ist ein Medium, das eine Vielzahl ungenützter Chancen birgt. Seine Nutzer lernen sie in zunehmendem Masse zu schätzen und zu nützen. Globale Webauftritte stellen den ersten Schritt dar, um sich von lokaler Konkurrenz abzuheben und die Globalisierungs-Chance zu nützen. Sie bauen dabei auf einer wesentliche Grundlage auf, die jeglichen Zugriff bedingt: Es handelt sich um die Tauglichkeit einer Webseite für den Benutzer. Entsprechend ergeben sich Anforderungen an ihre Gestaltung.

Vor dem Konzipieren eines Webauftrittes muss man die hauptsächliche Funktion der Webseite in Betracht ziehen. Ein ansprechendes Gesamtbild entsteht durch das optimale Zusammenspiel der drei grundlegenden Erfolgssäulen: Content, Design und Usability. Der daraus resultierende, starke Kommunikationsstil hat mitunter den Effekt, den man vom Lesen von Büchern als „Page-Turner" kennt. Dabei wird der Leser sosehr in den Bann gezogen wird, dass er es kaum erwarten kann, umzublättern bzw. die Folgeseite anzusteuern. Webseiten ziehen durch ein ausgewogenes Mix von qualitativ hochwertigen Inhalten, einfacher Bedienbarkeit und Auffälligkeit Aufmerksamkeit auf sich, wobei gerade ihre ansprechende Gestaltung da Interesse ihrer Besucher anregt und Emotionen auslöst.

Leichte Bedienbarkeit, Verständlichkeit, gute Strukturierung und das optische Erscheinungsbild bestärken beim Benutzer einer Webseite das Gefühl der Freude, der Aktivierung und sein Interesse. Die Nützlichkeit einer Seite kann jedoch auch das Interesse senken, da sehr zweckdienliche Seiten oft als langweilig wahrgenommen werden. Die Zweckmäßigkeit wird dabei von dem Angebot an qualitativ hochwerten Inhalte bestimmt.

O. Meidl, *Globales Webdesign*, essentials,
DOI 10.1007/978-3-658-04088-8_2, © Springer Fachmedien Wiesbaden 2014

2.1 Gestaltung von Web-Content

Nach dem Auffinden einer Seite, sei es mithilfe einer Suchmaschine, eines Werbebanners oder einer E-Mail, ist der erste Eindruck von entscheidender Bedeutung. Er bestimmt, wie lange sich ein potentieller Kunde Zeit für einen Webauftritt nimmt. Ein erstes Kriterium ist hierbei die Gestaltung der Landing Page und damit der Webinhalte, mit denen der Benutzer zuerst konfrontiert wird.

Man unterscheidet zwei Arten von Content auf kommerziellen Webseiten: Texte sind entweder funktionaler Natur, etwa eine Option „unser Produkt" in einer Navigationsleiste, oder verkaufsfördernder Natur, beispielsweise Informationen zur Promotion von Produkt- und Markennamen. Während Werbetexte für bestimmte Produkte oft Anpassungen erfahren, um lokale Geschmäcker besser anzusprechen, weisen Texte, die Information über ein Unternehmen beinhalten, ein hohes Maß an globaler Konsistenz auf. Leider kann das so weit gehen, dass in lokalen Texten Spuren der zugrundeliegenden, meist englischen Quelltexte weiterhin klar ersichtlich sind, was zu einem Bruch im Schreibstil im Vergleich zu anderen Passagen der Webseite führt.

Der Schreibstil ist ein Punkt, der das Verständnis und das Erreichen des Benutzers mit Inhalten begünstigen kann. Überschriften und Untertitel helfen, eine Webseite aufzuteilen, und dienen dem Auge des Betrachters gleichsam als Orientierungshilfe beim Scannen von Inhalten. Die plakative Überschrift oder „Catch Line" gehört hier ebenso dazu wie eine kurze, einführende Zusammenfassung, die das Interesse des Lesers dazu stimuliert, sich auch auf den längeren Hauptteil einzulassen. Der ganze Text sollte in leicht les- und scanbare Absätze untergliedert sein, um den kurzen Aufmerksamkeitsspannen vieler Web-Besucher Rechnung zu tragen, die lange Texte nach Möglichkeit vermeiden. Formatierung in schmalen Spalten erhöht zudem die Lesbarkeit, da es den Zeilenwechsel erleichtert.

Die Definition von Schriftarten beinhaltet die Festlegung von Schriftgröße, Zeilenhöhe, Zeichenabstand, Schriftfarbe und Unterschieden zwischen Überschriften und dem Textkörper. Die Schriftgröße ist bei vielen Seiten fix vorgegeben, um unerwünschte Effekte bei Veränderung derselben auszuschließen. Jedoch nimmt mit der steigenden Zahl von Internet-Benutzern fortgeschrittenen Alters die Wahrscheinlichkeit zu, vermehrt Benutzer mit zumindest beginnender Sehschwäche zu erreichen. Diese wären wiederum dankbar für eine Möglichkeit zur Anzeige in einem größeren Schriftgrad.

Da viele Besucher einer Webseite ihren Content vorrangig nach für sie relevanten Informationen scannen, bevor sie sich entscheiden, ihn vollständig oder auch nur auszugsweise zu konsumieren, empfiehlt sich ein Aufbau in Form einer auf den Kopf gestellten Pyramide: Das bedeutet nicht mehr und nicht weniger als die wichtigsten Punkte voranzustellen, gefolgt von hilfreicher, weiterführender Information und zuletzt den unwichtigsten Details, etwa Hintergrundinformation oder der Beantwortung von häufig im Zusammenhang auftretenden Fragen.

Kunden schätzen dabei vor allem informative Beiträge, die Inhalte webgerecht prägnant und faktengebunden aufbereiten und so den Nutzen von Produkten oder Dienstleistungen adressieren. Als hilfreich werden gut in den Content integrierte Anzeigen und Links zu Kaufmöglichkeiten angesehen, solange die zugehörigen Werbetexte nicht zu aufdringlich wirken. Informative Texte untermauern dabei die eigene Glaubwürdigkeit, unterstützen den Kunden bei der Festigung der Kaufentscheidung und erhöhen durch die in ihnen enthaltenen Schlüsselworte die Relevanz bei Suchmaschinen und damit den Traffic auf die eigene Seite.

Umgekehrt sind es gerade typische Content-basierende Usability-Probleme, welche den Besucher nur kurze Zeit verweilen lassen. Dazu gehören Redundanz und Inkonsistenz von Information ebenso wie ihre Unvollständigkeit und gar Überholtheit, welche einen Vertrauensverlust der Besucher zur Folge haben kann.

Entsprechender qualitativ-hochwertiger Content tritt immer dann in den Hintergrund, wenn die Navigationsstruktur sein Auffinden erschwert. Hier schafft ein klares Webdesign Abhilfe.

2.2 Design und Erscheinungsbild von Web-Inhalten

Die Hauptanforderung an das Design einer Webseite ist es nicht nur, attraktiv zu sein, sondern auch wartbar, verlässlich und verwendbar. Daher ist eine der wichtigsten gestalterischen Anforderungen an eine Webseite ihre klare Strukturierung und die Präsentation auch komplexer Inhalte in klarer und für den Benutzer leicht zugänglicher Weise. Grundsätzlich unterscheidet man zwischen konzeptionellem Design und dem Design der tatsächlichen Präsentation, welches Implementierungsdetails wie Seitengruppierung, Menüaufbau und Verlinkungen berücksichtigt. Im Vordergrund steht die konsistente Benutzererfahrung, welche das einheitliche Erscheinungsbild als Marke prägt.

Die Regel „weniger ist mehr" gilt sowohl für den Informationsgehalt auf Schirmen als auch für Wahlmöglichkeiten bezüglich Programm-Funktionalitäten und Interaktionsmechanismen. Geschätzt wird vor allem ästhetisches und minimalistisches Design, ein Mix aus Blickfänger und einer überschaubaren Anzahl von Einträgen mit relevanten Informationen, um die Seite nicht zu überladen. Leerer Raum zwischen den Beiträgen kann durchaus dazu dienen, das Auge zu leiten und Gruppierungen in der Anordnung von Informationen zu verdeutlichen, wobei wichtige Inhalte typischerweise in der Seitenmitte platziert werden.

Lesbarkeit ist eine Grundvoraussetzung für die schriftliche Vermittlung von Web-Inhalten. Ein Einflussfaktor ist dabei der logische Aufbau des Navigationsbaumes. Die Unterteilung der Webpräsenz und Gruppierung der Seiten in thematisch verwandte Bereiche ist etwas, was nicht immer rein intuitiv erreicht werden kann, sondern erfordert ein gut geplantes Navigationsdesign. Die Modellierung eines Navigationspfades für den Besucher einer Webseite hilft beim Konzipieren ihres hierarchischen Aufbaus.

Unmittelbar sichtbarer Teil im Webdesign ist die Seitengestaltung, wobei hier die Architektur einer Seite einen der wichtigsten Faktoren für die Benutzerfreundlichkeit darstellt. Eine Seitenstruktur hat den Bedürfnissen eines Anwenders zu entsprechen und ein Navigationssystem zur Verfügung zu stellen, das es ermöglicht, die gewünschten Informationen aufzufinden. Hierbei gilt die „Drei-Klick-Regel". Sie besagt, dass der Besucher einer Webseite nicht auf einer Seite verweilen wird, wenn er nicht nach drei Mausklicks die von ihm gewünschte Information gefunden hat. Tatsächlich frustriert es die Benutzer, wenn sie nicht finden, wonach sie suchen. Wenn Benutzer dagegen finden, was sie suchen, beschweren sie sich kaum über die Anzahl der Klicks, die dazu nötig waren.

Benutzerpräferenzen zur Navigation auf Webseiten können in drei grundlegende Bereiche zusammengefasst werden: Dazu gehören sowohl ein hierarchischer Navigationsbaum, vertikale Navigation durch direkte Verlinkung unterschiedlicher Bereichen einer Webseite als auch integrierte Suchfunktionen, die alternative Navigation durch die Eingabe von Suchbegriffen ermöglicht.

Für das Design von Benutzerinterfaces hat sich eine Reihe von Grundregeln herauskristallisiert, die als „Usability-Heuristiken" zusammengefasst werden können.

2.3 Usability der Benutzeroberfläche

Was nützt die bekannteste Webseite, wenn sie langsam, unverständlich und unbenutzbar ist? Benutzerfreundlichkeit ist hier nicht nur ein Gebot der Freundlichkeit gegenüber dem gelegentlichen Besucher einer Webseite, sondern im Konkurrenzumfeld ein wesentlicher Überlebensfaktor. Usability – auch Gebrauchstauglichkeit genannt – beschreibt hierbei eine ansprechend gestaltete Bedienung, die ohne große Hindernisse Webinhalte leicht zugänglich macht. Dabei werden weder tiefere EDV- noch sonstige Kenntnisse vorausgesetzt.

Der Schwerpunkt für den Entwurf von Benutzeroberflächen liegt neben der notwendigen Programmierung in der visuellen Gestaltung. Die Durchschaubarkeit der Funktionen ist eine der wichtigsten Voraussetzungen für die tatsächliche Benutzung eines Produktes. Die Benutzeroberfläche soll durch ihren ästhetischen

Reiz- und Spielwert zum Anwenden animieren, wobei sie möglichst selbsterklärend und daher schnell erlernbar zu sein hat.

Zu Usability bestehen verschiedene Zugänge. Umschreibungen erklären sie als einen Teilbereich der praktischen Akzeptanz eines Systems, der dafür verantwortlich ist, wie gut Benutzer seine Funktionalität einsetzen können. Jakob Nielsen definiert sie über die Eigenschaften der schnellen Erlernbarkeit, der Effizient, der Merkbarkeit, einer niedrigen Fehlerrate und vor allem einer subjektiven Anwenderzufriedenheit mit der Systembenutzung.

Durch Unterstützung multipler Interaktionsstile kann ein User Interface gleichzeitig Benutzer mit unterschiedlichen Lernkurven ansprechen. Dabei hilft das Bereitstellen von „Accelerators". Sie sind Programmzeitverkürzer, die es erfahrenen Benutzern erlauben, häufig durchgeführte Tätigkeiten zu beschleunigen. Ein Beispiel findet sich auf E-Commerce-Seiten in Quick Order Forms, also Schirmen, die den Bestellprozess dadurch verkürzen, dass sie die Kenntnis der Artikelnummer voraussetzen. Daneben bleibt die langsamere Bestellmöglichkeit mittels Produktauswahl im Online-Produktkatalog bestehen, derer sich weniger erfahrene oder weniger entschlossene Benutzer bedienen werden.

Eine vorrangige Regel zum Design des User Interfaces besteht darin, dem Benutzer zu jeder Zeit „Visibility" des System-Status zu gewähren. Bei einem Workflow hat jederzeit ersichtlich zu sein, an welchem Punkt man sich befindet. Optische Rückmeldungen über den aktuellen Standort erleichtern das Zurechtfinden auf einer Webseite. Das kann durch entsprechende Kennzeichnung einer Rubrik mittels Überschrift, Farbe oder einem Icon erreicht werden. Der Benutzer soll in jeder Situation Herr der Lage sein. Im Falle der ungewollten Anwahl einer Systemfunktion ist ein Notausgang vorzusehen.

„Findability" stellt einen kritischen Erfolgsfaktor für die gesamte Usability einer Webseite dar. Wenn Besucher nicht finden, wonach sie auf einer Seite suchen, dann fällt der Webauftritt bei ihnen durch. Die Informationsarchitektur muss daher die Ziele der Organisation hinter dem Webauftritt mit den Interessen der Besucher der Seite ausbalancieren.

Andererseits kann die Vernachlässigung von Benutzerfreundlichkeit etwa im E-Commerce-Bereich drastische Folgen haben. Produktkäufe brechen auch dann ein, wenn Kunden das gewünschte Produkt einfach nicht finden und damit nicht bestellen können. Usability-Probleme können verschiedene Ursachen haben. Dazu gehören das Fehlen eines erklärten Zieles und einer dezidierten Zielgruppen-Ausrichtung ebenso wie Informations-Überlastung, Visueller Overload und Mängel in der Navigationsstruktur.

Entsprechendes Design ist ein erster Schritt zur Fehlervermeidung. Das Anfordern einer Bestätigung vor dem Ausführen von fehleranfälligen Optionen ist ein weiterer Schritt zur Reduktion von Ausnahmesituationen. Kommt es dennoch zu Fehlern, sind dem Benutzer sprechende, präzise Fehlermeldungen anzuzeigen. Zusätzlich sollen etwa bei Online-Formularen die fehlerhaft ausgefüllten Felder farblich gekennzeichnet werden. Ganzseitige Fehlermeldungen sind unter allen Umständen zu vermeiden, da sie Benutzer abschrecken. Weiterführende Hilfe und Dokumentation soll auf der Webseite leicht auffindbar sein.

Das Rückgrat jedes Online-Auftritts bildet die eingesetzte Technologie. Mit ihr funktioniert, steht und fällt eine Webseite.

Technische Anforderungen 3

Die Schlüsselfrage ist nicht, ob Internet-Technologie eingesetzt werden soll, denn Firmen haben dabei keine Wahl, wenn sie konkurrenzfähig bleiben wollen. Die Frage ist vielmehr, wie der Einsatz erfolgen soll. Internet-Technologie eröffnet Unternehmen bessere Möglichkeiten, sich ausgeprägt strategisch zu positionieren als vorhergegangene Generationen von Informationstechnologie. Der Wettbewerbsvorteil entsteht dabei durch den ergänzenden Einsatz des Internets zu herkömmlichen operativen Tätigkeiten.

Technische Anforderungen variieren je nach Komplexität des Webauftritts. Dabei unterscheidet man zwischen den folgenden Komplexitätsgraden „basic", „dynamic" und „transactional". „Basic Websites" enthalten Informationen in HTML/XHTML-Textform enthalten, dazu einige unterstützende Abbildungen und Downloads. „Dynamic Websites" speichern ihren Content in Datenbanken und zeigen ihn entsprechend den Anforderungen des Besuchers dynamisch an. Dabei publizieren sie große Mengen an Information, News oder Foreneinträgen in ähnlicher Aufmachung. „Transactional Websites" verwenden das Internet, um Geschäftstätigkeiten zu erleichtern und Umsatz zu generieren.

Die Frage der technischen Implementierung ist eng verbunden mit der grundsätzlichen Frage ihrer Verträglichkeit mit dem technischen Umfeld. Denn Kompatibilität ist der Garant für Barrierefreiheit eines globalen Webauftrittes.

3.1 Verträglichkeit im Anzeigeverhalten

Eine der größten Herausforderungen für die Programmierung von Webseiten ist es, ihre korrekte Anzeige mit verschiedenen Web-Browsern zu gewährleisten. Die Logik der HTML-Interpretation variiert zwischen den einzelnen Anbietern, was zu potentiell gegensätzlicher Interpretierung des Quellcodes einer Website führt. Benutzer verwenden nun einmal unterschiedliche Web-Browser, um im Internet

O. Meidl, *Globales Webdesign*, essentials,
DOI 10.1007/978-3-658-04088-8_3,

zu surfen und Webseiten anzuzeigen. Diese Browser besitzen grundlegende Navigationsfunktionen. Dazu gehören das Öffnen einer URL zum direkten Zugriff auf eine Webseite genauso wie eine bidirektionale Zurückverfolgungsmöglichkeit mittels Weiter- und Zurück-Taste. Wahllosen Zugriff auf zuvor besuchte Seiten erlaubt der Verlauf. Lesezeichen und Favoriten ermöglichen Benutzern das Abspeichern einer Lokation für künftige Referenz.

Essentiell zum korrekten Anzeigen einer Webseite ist ihre Kompatibilität mit den führenden Web-Browsern: Microsoft Internet Explorer, Google Chrome, Mozilla Firefox (Mozilla Suite, Gecko, Netscape), Apple Safari und Opera (Opera Mini).

Gültiger Source Code ist eine Grundvoraussetzung zur Vermeidung von Problemen im Zusammenhang mit Compatibility, Accessibility und Data Exchange. Dabei hilft eine Kodierung und Code-Validierung nach den sogenannten W3C-Standards des World Wide Web Consortiums. Die Verwendung der ebenso von W3C empfohlenen Cascading Style Sheets (CSS) erlaubt es, die Präsentationseigenschaften einer Webseite von ihrem Content zu trennen. Dadurch erleichtern sie das Unterstützen einer Vielzahl von Geräten, die Benutzer zum Anzeigen von Webseiten verwenden.

Eine weitere Variable, die sich dem Einfluss des Betreibers einer Webseite entzieht, ist das Betriebssystem. Benutzer verwenden eine schier endlose Kombination von Monitoren, Computern und Betriebssystemen, sei es eine Microsoft Windows-Plattform, eine Apple Macintosh-Entwicklung, ein UNIX-Derivat oder ein anderes Operating System wie Microsoft Windows und das bei Smartphones und Tablet-PCs dominierende Apple iOS sowie Google Android.

Um das größtmögliche Publikum zu erreichen, werden Webseiten mittlerweile auf Kompatibilität mit verschiedensten Browsern, Betriebssystemen und Hardwareplattformen getestet. Genauste Prüfung erfordert auch ein weiterer Bereich, das Gewährleisten von lückenloser Sicherheit, der Web-Security.

3.2 Sicherheitsmaßnahmen und Verschlüsselung

Das Internet ist voller Versprechen, aber auch voller Tücken. Während es einerseits die Kosten der Verteilung von Information, Produkten und Dienstleistungen senkt, besteht die mit ihm verbundene Gefahr hauptsächlich darin, dass es Organisationen angreifbar macht.

Ob durch eine komplexe Cross-Site-Scripting-Attacke oder aufgrund des altbekannten Problems des Passwort-Teilens, Sicherheitslücken können fatale Auswirkungen haben. Web Security definiert sich daher als vorbeugende Gegenmaßnahme durch ein Bündel von Prozeduren, Praktiken und Technologien, welche die verlässliche und vorhersehbare Funktionsweise von Web-Servern, Web-Browsern, anderen mit ihnen in Kommunikation stehenden Programmen und der sie umgebenden Internet-Infrastruktur sicherstellen. Web-Security-Maßnahmen stützen sich dabei auf die Absicherung des Web-Servers, das Abschirmen des Informationsflusses zwischen Web-Server und Benutzer und den Schutz der Geräte, die der Endbenutzer zum Internet-Zugriff verwendet.

Sicherheitsanforderungen für Web-Server lassen sich in zwei wesentlichen Aspekten zusammenfassen: Das Abwehren von Schadsoftware ist durch entsprechende Konzeption einer umfassenden Firewall und aktueller Anti-Virensoftware zu gewährleisten. Datendiebstahl durch direkten bzw. indirekten Zugriff ist durch interne und externe Data Leakage Prevention-Sicherheitsmaßnahmen wie starker Authentifizierung und Access Control-Standards zu verhindern.

Ein weiteres Element der Security ist die Verschlüsselung von Daten. Kryptographie beschreibt eine Sammlung mathematischer Techniken zum Schutz von Information. Ihre historischen Wurzeln liegen im militärischen Bereich, wo Kryptographie dem Abschirmen von Nachrichten diente, die über große Entfernung ausgetauscht wurden. Inzwischen findet Kryptographie zum überwiegenden Teil in der Geschäftswelt Anwendung und machte erst die rasante Kommerzialisierung des Internets möglich. Authentifizierungs- und Verschlüsselungsverfahren wie Pretty Good Privacy (PGP), Secure Socket Layer (SSL) und Digitale Signatur bedeuten für Internet-Benutzer Sicherheit und Risikominimierung in einer ungewissen Umgebung.

Neben der Frage „Wer ist mein User?“ stellt sich auch die Frage „Woher kommt der Benutzer?“ Während bislang auf die meisten Webseiten mithilfe von traditionellen Computern zugegriffen wurde, stellt der Einsatz mobiler Endgeräte eine neue Herausforderung dar.

3.3 Anzeige auf mobilen Plattformen

Mit zunehmender Anzahl von Ausgabemedien steigt die Anforderung an Webseiten, nicht nur bei Aufruf über einen Personal Computer sondern auch auf mobilen Endgeräten wie iPad, Smartphones und portablen Spielkonsolen entsprechend gut auszusehen. Mobile Technologie hat eine Anzahl von evolutionären Schritten durchlaufen, angefangen damit, dass man ein simples Telefonat von jedem beliebigen Ort führen kann, und reicht bis zum Mitführen eines Pocket Personal Computers. Dabei sind Mobiletelefone etwas sehr Persönliches. Im Gegensatz zu Desktop Computern werden sie selten mit anderen Benutzern geteilt. Zudem verfügen sie über die Möglichkeit, Information zu jeder Zeit zu senden und zu empfangen, da sie immer mit dem Netzwerk verbunden sind und ständig mitgeführt werden. Zuletzt verfügen sie über einen eingebauten Zahlungs-Kanal: die Telefonrechnung.

Mobile Benutzer haben im Allgemeinen noch kürzere Aufmerksamkeitsspannen als die Besucher einer Webseite, die einen Desktop-Computer, ein Notebook oder etwa einen Tablet-PC verwenden. Inhalte werden zur besseren Lesbarkeit herangezoomt. Bei Texteingabe wird ein Teil des Bildschirmes in ein Keyboard konvertiert und steht daher nicht mehr zum Anzeigen von Webinhalten zur Verfügung. Einerseits empfiehlt sich daher das Optimieren des Webauftrittes für den mobilen Bereich, andererseits kann die Umsetzung auch durch das Erstellen einer eigenen, mobilen Version der Webseite erfolgen, deren Inhalt auf das Wesentliche beschränkt ist.

Webdesign für Tablets und Smartphones zeichnet sich durch große, Fingerfreundliche Schaltflächen aus. Zusätzlich zu mobilen Webseiten werden Applikationen angeboten. Als Best Practice gilt hierbei, dass Mobile Apps ihre Anzeige automatisch mit der Spracheinstellung des Betriebssystems abstimmen. Dieser Default kann jedoch vom Benutzer überschrieben werden.

„Responsive Webdesign" ist eine Methode, bei der mithilfe von Media Queries Endgerätinformationen eingeholt und hernach CSS-Inhalte entsprechend dynamisch zur bestmöglichen Anzeige einer Webseite zur Verfügung gestellt werden. Voraussetzung dafür ist die Planung der Anzeige derselben Inhalte in adäquater Auflösung auf Smartphones, Tablets, Netbooks und Desktop Monitor-Lösungen. Die Desktop-Darstellung einer Webseite hat aufgrund unterschiedlicher Dimensionen des Anzeigegerätes andere Anforderungen als die Darstellung derselben Webseite auf Tablets und Smartphones. Hier werden Inhalte wegen des begrenzt zur Verfügung stehenden Platzes besser untereinander angezeigt. Die Anordnung von Header, Content und Sidebars verschiebt sich entsprechend.

Neben dem Entsprechen gestalterischer und technischer Anforderungen ist die Compliance mit rechtlichen Rahmenbedingungen eine unabdingbare Voraussetzung für das dauerhafte Bestehen eines Webauftrittes.

Rechtliche Anforderungen 4

Die wachsende Bereitschaft beim Kunden zur Nutzung von Online-Kanälen beruht auf einem zunehmenden Vertrauen gegenüber Anbietern im Internet. Dem hat auch der jeweilige Gesetzgeber Rechnung getragen. Das Betreiben einer Webseite setzt daher die Kenntnis und Einhaltung einer Vielzahl rechtlicher Bestimmungen und deren richtige Anwendung auf das Internet voraus. Grundlegende rechtliche Anforderungen an Webseiten bestehen in Bezug auf Anbieterkennzeichnung mittels Impressum, Zustimmung zur Einbindung fremder und datenschutzrelevanter Inhalte sowie die ausreichende Kennzeichnung von Inhalten Dritter.

Zu Beginn stellt sich die Frage nach der Relevanz allgemeiner Rechtsvorschriften und ihrer Rechtsgültigkeit speziell in Bezug auf Online-Auftritte.

4.1 Rechtsgültigkeit von Vorschriften für Webseiten

Das Internet betreffende Vorschriften finden sich neben einschlägigen Rechtsvorschriften zu E-Commerce und Datenschutz in einer Vielzahl von allgemein gültigen Gesetzen und Regelungen. Relevante gesetzliche Vorschriften für Internet-bezogene Aktivitäten finden sich beispielsweise in der Anwendung des Telekommunikationsgesetzes im Zusammenhang mit der Übermittlung von elektronischer Post in Form von E-Mailing und der Unzulässigkeit von Zusendungen ohne vorherige Einwilligung des Empfängers, auch bekannt als Spamming. Der Anspruch auf Registrierung eines Domainnamens geht wiederum auf das Namensrecht zurück, welches Beeinträchtigung durch den unbefugten Gebrauch eines Namens regelt. Die Verpflichtung zur Veröffentlichung eines Impressums einer Webseite leitet sich vom Mediengesetz ab, das besagt, dass ein Medieninhaber jedes periodischen Mediums Information über Name oder Firma, Unternehmensgegenstand, Wohnort oder Sitz der Firma offenzulegen hat.

O. Meidl, *Globales Webdesign*, essentials,
DOI 10.1007/978-3-658-04088-8_4,

Trotz internationaler Verträgen wie dem „WIPO Copyright Treaty" von 1996 und speziell auf das Internet abgestimmter regionaler und nationaler Gesetzesinitiativen wie der „European E-Commerce Directive", dem „United States Digital Millennium Copyright Act" oder dem „Copyright Law of the People's Republic of China" zeigt ein Vergleich nationaler Zugänge zur Haftung von Internet-Vermittlern weiterhin bestehende Unterschiede.

Inzwischen hat auch das sprichwörtliche Kleingedruckte die Online-Welt erobert und ist allgegenwärtig. Disclaimer weisen auf Haftungsausschluss für die Richtigkeit, Vollständigkeit und Aktualität der bereitgestellten Inhalte hin. Hinweise erinnern, dass Verknüpfungen zu Webseiten Dritter der Haftung deren jeweiliger Betreiber unterliegen. Veröffentlichte Inhalte unterliegen dem nationalen Urheber- und Leistungsschutz. Datenschutzrichtlinien und Nutzungsbedingungen klären weitere rechtlich anfechtbare Sachverhalte.

Eine wichtige Voraussetzung für das Betreiben einer Webseite ist die korrekte Anwendung rechtlicher Materie, insbesondere des Marken- und Urheberrechts. Denn was „offline" gilt, gilt grundsätzlich auch „online".

4.2 Markenschutz und Urheberrecht im Internet

Internetauftritte erleichtern nicht nur das Recherchieren und Abrufen zahlloser Inhalte sondern auch das Kopieren von Informationen zur eigenen Weiterverwendung, -verwertung und -verbreitung. Hierunter fällt das Zitieren von Texten ebenso wie das Bereitstellen jegliche Art von Dateien, seien es Audio-, Video- oder Image-Files. Eine damit unweigerlich verbundene Frage betrifft die Einhaltung des Copyrights unter Anwendung des Urheberrechts und der Trademark Protection in Hinblick auf das Markenschutzrecht.

Das Markenschutzrecht regelt die Eigentumsrechte an darstellbaren Zeichen wie Buchstaben, Wörtern, Bildern und Wortbild-Kombinationen. Es gibt jedoch auch andere in diesem Zusammenhang geschützte Bereiche, etwa Klang- und Hörmarken.

Das Urheberrecht schützt Werke der Literatur, Tonkunst, bildenden Kunst und der Filmkunst. Im Zuge einer Werknutzungsbewilligung kann der Urheber anderen gestatten, sein Werk zu verwenden. Das Verbreitungsrecht liegt jedoch ausschließlich beim Urheber, wobei das Werk ohne seine Einwilligung weder feilgehalten noch der Öffentlichkeit zugänglich gemacht werden darf. Freie Werknutzung kann beispielsweise für das Zitieren kleiner Teile eines Sprachwerks oder das Vervielfältigen von Werken der bildenden Künste für den privaten Gebrauch, für nicht kommerzielle Zwecke oder Schulungszwecke bestehen.

Im Falle der Verletzung des Urheberrechts wie auch des Markenschutzrechts entstehen ein Unterlassungsanspruch und ein Beseitigungsanspruch. Darüber hinaus bestehen ein Recht auf Urteilsveröffentlichung und ein einzuklagender Anspruch auf angemessenes Entgelt bzw. Schadenersatz, der wiederum lokal unterschiedlich geregelt ist.

Die internationale Gültigkeit des Copyrights wurde innerhalb der Europäischen Union mittels „Direktive 2001/29/EC" harmonisiert. Darin wird auf übergeordnete völkerrechtliche Verträge der „World Intellectual Property Organisation (WIPO)" von 1996 und auf die „Berner Übereinkunft zum Schutze von Werken der Literatur und Kunst" von 1886 Bezug genommen, in denen der internationale Schutz der Interessen von Autoren, Darstellern und Produzenten geregelt ist. Die „Revidierte Berner Übereinkunft (RBÜ)" von 1971 gilt hierbei als Brückenschlag zwischen unterschiedlichen nationalen Urheberrechtssystemen. Das „Welturheberrechts-Abkommen (WUA)" von 1952, in der Revision von 1971, regelt Formerfordernisse wie das Versehen von Werkexemplaren mit dem Copyright-Zeichen (©) sowie dem Namen des Urheberrechtsinhabers und dem Jahr der Erstveröffentlichung. Ein Anhang des „World Trade Organization"-Abkommens von 1994 regelt handelsbezogene Aspekte der Rechte des geistigen Eigentums, bekannt als „Trade Related Aspects of Intellectual Property Rights – TRIPS".

Trotz internationaler Rechtsnormen differiert die lokale Handhabung des Copyrights. In den USA besteht eine langjährige Praxis von Copyright-Schutz auf Grundlage des „Copyright Protection Act" von 1909 und 1976. Das Fehlen von Copyright-Gesetzgebung im Imperialen China und die grundsätzliche Betonung der Kontinuität mit der Vergangenheit in der chinesischen Kultur können als Ursprung für lokal vorhandene unterschiedliche Handhabung angesehen, obwohl das Land inzwischen entsprechenden internationalen Verträgen beigetreten ist. Durch ein Vorprüfungsverfahren für Veröffentlichungen bestand jedoch bereits seit dem Jahr 1009 ein Schutz des Druckermonopols auf die Reproduktion von autorisierten Versionen bestimmter Materialien und Symbole.

Mit dem Handelsübereinkommen zur Bekämpfung von Produkt- und Markenpiraterie, nach der englischen Bezeichnung als „Anti-Counterfeiting Trade Agreement (ACTA)" benannt, setzte die Kommission der Europäischen Union eine Maßnahme zum Schutz geistigen Eigentums vor systematischem Diebstahl durch organisierte Kriminalität. ACTA verweist dabei auf bestehende europäische und nationale Gesetzgebung im Zusammenhang mit Urheberrecht und beschränkt sich darauf, die Werkzeuge zur Verfügung zu stellen, um illegale Inhalte zu bekämpfen. Ergänzend zu ACTA wird der Schutz geistigen Eigentums im digitalen Umfeld in der „Richtlinie zur Durchsetzung der Rechte an immateriellen Gütern", nach der englischen Bezeichnung „Intellectual Property Rights Enforcement Directive" kurz IPRED genannt, geregelt.

Weltweites Aufsehen erregte der Gesetzesentwurf zum amerikanischen „Stop Online Piracy Act (SOPA)". Er sah vor, den Zugriff auf illegale Aktivitäten fremdländischer Webseiten zu blockieren, die auf den Diebstahl und Verkauf von amerikanischer Technologie und Erfindungen abzielen.

Eine wesentliche Herausforderung im Zusammenhang mit globalen Webauftritten besteht darin, die Konformität der publizierten Inhalte mit lokaler Gesetzgebung in den entsprechenden Ländern sicherzustellen. Hierbei ist zu berücksichtigen, dass das Urheberrecht für ein und dasselbe Objekt weltweit unterschiedlich geregelt sein kann. Damit, dass nicht zu viel Information veröffentlicht wird, befasst sich wiederum der Datenschutz.

4.3 Datenschutz und Compliance von Datenanwendungen

Das Recht auf Privatsphäre gilt – neben Handlungsfreiheit, Gewissensfreiheit, Meinungsfreiheit, Versammlungsfreiheit u. a. – als eines der Freiheitsrechte. Der Privatbereich kann in die Gruppen physische Privatsphäre, organisatorische Privatsphäre und Informations-Privatsphäre eingeteilt werden. In letztere Kategorie fällt der nachfolgend näher behandelte Datenschutz im Internet.

Oberster Grundsatz für alle Formen der Datenverarbeitung ist die Zweckbindung, auch für den Zeitraum der Aufbewahrung von Information. Als Mindeststandards für die Rechte der von Datenanwendungen Betroffenen gelten das Auskunftsrechts, der Anspruch auf Berichtigung, Löschung und Sperrung der Daten sowie weitergehende, zivilrechtlich einzufordernde Schadenersatzansprüche. Die grundlegende „Richtlinie 95/46/EG des Europäischen Parlaments und des Rates vom 24. Oktober 1995 zum Schutz natürlicher Personen bei der Verarbeitung personenbezogener Daten und zum freien Datenverkehr" betont, dass Datenverarbeitungssysteme im Dienste des Menschen stehen und demnach deren Privatsphäre zu achten haben. Dabei definiert sie Datenschutz als den Schutz der Privatsphäre natürlicher Personen bei der Verarbeitung und Übermittlung personenbezogener Daten.

Datenverkehr mit Empfängern in Drittstaaten mit angemessenem Datenschutz ist genehmigungsfrei, sofern der Inhalt der Übermittlung das schutzwürdige Geheimhaltungsinteresse des Betroffenen nicht verletzt. Darüber hinaus erleichtert das „Safe Harbor Agreement" den Datenverkehr zwischen der Europäische Union und den Vereinigten Staaten. Die Vereinbarung erlaubt europäischen Unternehmen die Übermittlung personenbezogener Daten in die USA, wenn ihre „Privacy Policy" hinreichenden Datenschutz gewährleistet.

Eine besondere Rolle spielt das Datenschutzrecht bei Data Retention bzw. Vorratsdatenspeicherung. Unter letzterer versteht man die Bereitstellung von Daten, die durch öffentlich zugängliche elektronische Kommunikationsdienste oder -netze erzeugt oder verarbeitet werden. Ein weitgehendes Zugriffsrecht wird amerikanischen Terrorfahndern im Zuge des „Swift-Abkommens" gewährt. Der völkerrechtliche Vertrag erlaubt seit 2010 US-amerikanischen Behörden, bei Kontrolle durch die europäische Polizeibehörde Europol, im Zuge internationaler Terrorfahndung Überweisungen europäischer Banken zu überprüfen.

Im fernöstlichen China besteht ein anderer Zugang zum Schutz der Privatsphäre. In einem Land, in welchem Kollektivismus großgeschrieben wird, wird die Privatsphäre weniger als Regelwerk denn als schützenswertes psychologisches Konzept verstanden, von dem schon der Lehrmeister Konfuzius in seinen Doktrinen als „yin-si", im Sinne eines „schamhaften Geheimnisses" und „familiärer Vertrautheit", gesprochen hat. Ein indirekter Zugang zu Datenschutz besteht in dem Chinesischen Grundgesetz von 1982 über den Sachverhalt der Verletzung der persönlichen Würde bzw. Rufschädigung, welcher durch das Bloßlegen persönlicher Informationen erfüllt wäre.

Im Zusammenhang mit Betrügereien im Online-Umfeld wird der Begriff „Dot Cons" verwendet, der sich von dem Begriff „Con Artist", also Schwindler, herleitet. Unter den häufigsten Delikten finden sich Internet-Auktionen, Kreditkartenbetrug ebenso wie die Rekrutierung zu scheinbar lukrativen Geschäftsmöglichkeiten. Im Falle eines Online-Betrugs sind es wiederum rechtliche Gegebenheiten, die Konsumentenschutz garantieren. Darunter fallen die „Regulation E" zum Schutz von elektronischem Zahlungsverkehr in den USA sowie Policies der Kreditkartenunternehmen, welche das Beeinspruchen und Rückgängigmachen von betrügerischen Kreditkartentransaktionen ermöglichen.

Zur Vorbeugung gegen derartige Zwischenfälle bestehen für sensible Daten verschärfte Regeln für eine gesicherte Übermittlung. „Secured Electronic Transaction (SET)" stellt einen Standard für Kreditkartengeschäfte im Internet dar. Dabei werden Verfahren und Formate zum Nachweis von Vertrauenswürdigkeit aller an einer elektronischen Transaktion beteiligten Parteien geregelt. Es wird festgelegt, welche Methoden für Verschlüsselung und Identitätsnachweis zu verwenden sind.

Compliance beschreibt die Einhaltung von Konformität mit entsprechenden Regularien und Vorschriften. Weitere Beispiele für Compliance-Anforderungen betreffen den Sicherheitsstandard zu Kreditkartentransaktionen „Payment Card Industry Data Security Standard (PCI DSS)", die US-amerikanische Verordnung zum Schutz von Gesundheitsdaten „Health Insurance Portability and Accountability Act (HIPAA)" oder das deutsche „Bundesdatenschutzgesetz (BDSG)". Datensicherheitsgefährdungen und damit Gefährdung von Compliance bestehen vorrangig bei Applikationen, externen Mitarbeitern, mobilen Geräten, Laptops und externen Geschäftspartnern. Ein weiteres Risiko für Unternehmen stellen dabei die vermehrt aufkommenden Cloud-Computing-Dienste dar. Maßnahmen zur Erfüllung von Compliance-Anforderungen reichen von dem sogenannten „Need-To-Know-Prinzip" über die Installation und Instandhaltung von Firewalls bis zur Datenverschlüsselung. Diese kann auf unterschiedlichen Ebenen des Datenflusses erfolgen und insbesondere in öffentlichen Netzwerken die Informationssicherheit auf ein erforderliches Niveau heben.

Abhängig von ihrem Inhalt, etwa bei Speicherung von Namen oder Kundennummer, können auch Cookies datenschutzrechtlich relevant sein. Cookies sind Dateien, die von dem Server einer Webseite erzeugt werden, an das Browserprogramm gesendet werden und auf dem Rechner des Besuchers der Webseite lokal abgespeichert werden. Sie enthalten Zahlenfolgen, anhand derer frühere Zugriffe und Einstellungen im Zusammenhang mit dem Besuch einer Webseite ermittelt werden können. Dadurch ist ein Anlegen detaillierter Benutzerprofile über Kundenverhalten und -vorlieben möglich, was technisch jedoch ohne Wissen des Nutzers erfolgt. Cookies ermöglichen es, dem Kunden, der wiederholt an die „elektronische Haustür" eines Unternehmens klopft, „zuzuhören", selbst dann, wenn der Kunde gar nicht wirklich spricht.

Doch nicht nur gesetzlich verankerte Regeln sind zu beachten. Faktoren wie Familie, Geschichte, Religion und kulturelle Identität beeinflussen unser Denken und Handeln. Internationalisierungsbestrebungen haben auf diese oft als selbstverständlich vorausgesetzten Regeln ein besonderes Augenmerk zu legen.

Herausforderungen von globalen Webseiten 5

Durch die Zunahme globaler Vernetzung entstehen sozio-kulturelle Herausforderungen von bislang ungeahntem Ausmaß. Bei jeglicher Form grenzüberschreitender Kommunikation stellt sich die Frage der Berücksichtigung ethischer, sozialer und politischer Aspekte. Lokale Eigenheiten und Unterschiede mögen bei einer oberflächlichen Betrachtungsweise gerne vernachlässigbar erscheinen. Geht man jedoch genauer auf diese Themen ein, ergeben sich grundsätzliche Fragen.

Das Internet stellt ein interaktives, vielfältiges und kostengünstiges Medium dar. Es eignet sich besonders gut dafür, potentielle Kunden in aller Welt anzusprechen. Die Interaktion mit Besuchern einer globalen Webseite unterliegt denselben Grundregeln wie andere Kommunikationsformen. Sie wird dann im internationalen Umfeld erfolgreich sein, wenn sie unterschiedliche soziale Voraussetzungen und kulturelle Vielfalt respektiert und berücksichtigt. Bringt sie dieses grundlegende Verständnis von länderübergreifender Kommunikation jedoch nicht auf, so ist sie mit hoher Wahrscheinlichkeit zum Scheitern verurteilt und wird statt in Internationalität aufzugehen nicht über den national-geprägten Charakter hinauskommen.

Kommunikation ist die Grundlage zum gegenseitigen Verständnis. Denn Kommunikation ermöglicht es uns nicht nur, die persönliche und kulturelle Identität unseres Gegenübers festzustellen, sie unterstützt uns auch dabei, Daten über Personen anzusammeln. Diese Informationssammlung dient zwei Zwecken. Erstens lernen wir so etwas über andere Individuen. Zweitens entscheiden wir dadurch, wie wir uns dem anderen gegenüber präsentieren. Das Gewinnen dieser Information aus verbalen und nonverbalen Nachrichten ist entscheidend bei interkultureller Kommunikation, weil wir es dabei vielfältig mit uns Fremden zu tun haben.

Bei internationaler Kommunikation wird die bestehende globale kulturelle Vielfalt umso augenscheinlicher. Sie begründet sich aus unterschiedlicher Auffassung von positiven und negativen Werten. Diese bilden den Kern kultureller Unterschiede.

O. Meidl, *Globales Webdesign*, essentials,
DOI 10.1007/978-3-658-04088-8_5,

5.1 Herausforderungen durch sozio-kulturelle Aspekte

Das Schlüsselmerkmal jeglicher Kultur sind ihre Werte. Sie repräsentieren Qualitäten und Richtlinien, die Menschen für unentbehrlich halten. Werte sind solange unsichtbar, bis sie durch ihren Einfluss auf das Verhalten evident werden. Ausprägungsformen sind kollektive Rituale wie Grußformeln, aber auch soziale und religiöse Zeremonien. Wertmuster führen zu einer Verehrung von kulturellen Heldenbildern, die hochangesehene Charakteristiken besitzen. Symbole sind dabei Worte, Gesten, Bilder und Objekte von besonderer Bedeutung. Dazu gehören Sprachformulierungen ebenso wie Statussymbole, welche durchaus von anderen Kulturen kopiert und übernommen werden. Darum finden sie sich an der Oberfläche der Faktoren, die zur Manifestierung von Kultur beitragen.

Kommunikation erlaubt es uns, Ideen und Gefühle mitzuteilen. Um die Intention unseres Gegenübers zu verstehen, sind wir auf eine Interpretation von verbalen und nonverbalen Symbolen angewiesen, welche die jeweiligen Gedanken unseres Kommunikationspartners offenbaren. Diese Symbole haben sich über Jahrmillionen physischer Evolution und Tausenden von Jahren kultureller Entwicklung herausgebildet. Obwohl alle Kulturen Symbole verwenden, weisen sie ihnen unterschiedliche Bedeutungen zu. So bezeichnen Spanisch sprechende Personen einen Hund nicht nur mit dem Wort „perro", auch das mentale Bild, das sich in ihrem Kopf bei dem Wort formt, unterscheidet sich von dem eines Chinesisch Sprechenden, der den gleichbedeutenden Begriff „gou" hört.

Kulturelle Unterschiede haben sich im Laufe der Geschichte ausgeprägt und im Geiste, im Herzen und in den Handlungen der gegenwärtigen Generation eingeprägt. Dabei verstärken die daraus entstandenen Strukturen wie Familie, Bildungssystem und politisches System, sobald sie etabliert sind, die sozialen Normen und das ökologische System, das zu ihrer Schaffung geführt hat.

Ein Grundproblem in multikulturellen Situationen ist, dass die Mitglieder jeder Makrokultur Vorstellungen und Wahrnehmungsverzerrungen zu „den anderen" haben. Dabei operieren sie unter der Voraussetzung, dass ihre eigene Kultur diejenige ist, die es richtig macht. Kulturelle Intelligenz hat als Prämisse gegenseitiges Verständnis, Einfühlungsvermögen und die Fertigkeit, mit Vertretern anderer Kulturen zusammenzuarbeiten.

Kulturelle Vielfalt macht das Zusammenwirken von Gruppen schwierig. Sie bewirkt, dass Personen einzelne Situationen unterschiedlich auffassen, wodurch Missdeutung, unterschiedliche Wahrnehmung, fälschliche Einschätzung und Misskommunikation entstehen. Diversität erhöht dabei die Komplexität, Mehrdeutigkeit und Konfusion und hat zuletzt Auswirkung auf Kosten. Um diese Herausforderungen meistern zu können, müssen wir sowohl als Einzelperson wie auch als Organisation kulturelle Kompetenz entwickeln.

Das Verständnis der Internationalisierungsproblematik ist eine Voraussetzung für globales Webdesign. Bei der ergonomischen Gestaltung von interaktiven Mensch-Maschine-Systemen sind auch interkulturelle Aspekte zu berücksichtigen. Kulturbedingte Nutzeranforderungen wirken auf vier Hauptbereiche ein: Daten(basis), Struktur, Interaktion und Präsentation. Vertrautheit mit solcherart Grundvoraussetzungen hilft, das Risiko von Misskommunikation auf globalen Webseiten zu verringern.

Interkulturelle Variablen bestimmen Einsatzfähigkeit, Benutzbarkeit und Akzeptanz von Systemen. Der kulturell geprägte Nutzungskontext beeinflusst hierbei als „kulturelle Stressoren" die Entwurfsphase und wirkt auf verschiedene Bereiche ein. Dazu gehört Systemtechnologie, die Herausforderungen durch andersartige Einsatzbedingungen, etwa bedingt durch starke Stromschwankungen oder klimatische Einflüsse wie hohe Luftfeuchtigkeit, zu meistern hat. Daten und Datenformate werden durch unterschiedliche Arbeitsstrukturen und das vorherrschende Bildungssystem beeinflusst. Interaktions- und Dialogdesign, hier vor allem Nutzerhierarchien, sind den vorhandenen Arbeitskonzepten entsprechend anzupassen. Zuletzt wird die Präsentation durch kulturbedingte Unterschiede der Informationskodierung und Sprache beeinflusst, aber auch durch kulturbedingte Vorlieben, Voraussetzungen und Tabus, etwa im Zusammenhang mit Farbgebung und Symboldarstellung.

In der Folge werden Möglichkeiten aufgezeigt, um dem Entstehen von „kulturellen Stressoren" vorzubeugen. Zunächst folgt eine Erörterung kultureller Einflüsse auf die visuelle Gestaltung und Präsentation.

5.2 Herausforderung an die visuelle Gestaltung

Die Adaptierung einer Webseite für fremde Länder und Kulturen ist mehr als eine reine Übersetzungsfrage von Text und dem Einstellen eines anderen Datumsformats. Cross-kulturelles Webdesign muss sich mit vielseitigen Design-Fragen auseinandersetzen, wie kulturspezifischer Konnotation von Farben sowie Präferenzen bezüglich Layout, Grafik-Animation, Klängen und anderen Effekten im Zusammenhang mit Webseiten.

Bei der Implementierung eines globalen Webauftritts sind verschiedenste interkulturelle Aspekte maßgebend. Augenscheinlich und vordergründig wird eine Webseite optisch wahrgenommen. Daher ist das Erfüllen von Anforderungen an die visuelle Gestaltung von größter Wichtigkeit.

Die visuelle Gestaltung einer „global Website" kann in mehreren Schritten erfolgen. Im Zuge eines globalen Designs werden global konsistente Templates quer durch alle lokalisierten Webseiten eingeführt, wobei lokaler Content durchaus Vorort erstellt wird, jedoch mit globalen Einschränkungen, etwa unter Verwendung einer möglichst einheitlichen Farbpalette. Die gleiche Verwendung von Farben signalisiert Zugehörigkeit und Konsistenz. Es ist zudem zu berücksichtigen, dass der normal farbsichtige Mensch im Falle von ungünstigen Lichtverhältnissen und sequentieller Betrachtung in seiner Wahrnehmbarkeit von Farben eingeschränkt ist. Darum wird empfohlen, maximal sechs Bunttöne plus Schwarz und Weiß zur farblichen Kodierung der Bedeutung von Informationen zu verwenden.

Die Farbgestaltung von Webseiten ist ein mächtiges Element. Farbe kann Gefühle in eine bestimmte Richtung lenken, bevor man noch eine Zeile Text gelesen hat. Die Farbe Rot wird oft mit Signalwirkung assoziiert. Sie steht im westlichen Kulturbereich für Intensität, Dringlichkeit oder Gefahr, wie bei einem Stopp-Schild im Straßenverkehr. Das ist jedoch nicht überall so. Im Besonderen ist bei der Farbgebung darauf zu achten, dass auch in diesem Bereich wesentliche regionale Unterschiede eine Rolle spielen. Die Farbe Rot symbolisiert in Asien ebenso Glück, weswegen Neujahrs-Geschenke gerne in rotes Papier eingewickelt werden. In einer abgeschwächten, negativen Bedeutung steht die Farbe Rot – neben all ihren positiven Eigenschaften – in Südostasien auch für das Ende einer Beziehung. Die Farbe Gelb steht einerseits für Macht und Königtum, andererseits ist sie in Asien die Farbe des Sonnenscheins und der Lebensfreude.

Farbauswahl kann der Schlüssel zum Aufbau einer starken Marke mit einer ausgeprägten Identität sein und eine Verbindung zu Verbrauchern und Kunden schaffen. Blau etwa ist eine beliebte Farbe für Finanzinstitute, da es mit Vertrauenswürdigkeit assoziiert wird. Auf Social Media-Seiten wird blau gerne eingesetzt, da es Freundlichkeit zum Ausdruck bringt. Jede Farbe ruft unterschiedliche Emotionen hervor, die in verschiedenen Teilen der Welt jedoch anders ausfallen können. Weiß ist in Asien die Farbe der Trauer und des Todes. In Japan kommt jedoch ein positiver Aspekt hinzu, denn der weiße Hintergrund der Nationalflagge symbolisiert Reinheit und Aufrichtigkeit. In Südkorea vermischen sich wiederum asiatische und westliche Aspekte der Bedeutung der Farbe Schwarz. Sie ist die Farbe der Dunkelheit, des Mysteriums und der Trauer.

Bei der Verwendung farblicher Kodierung von Zahlen ist zu berücksichtigen, dass aus der Bilanz von Wirtschaftsunternehmen nach wie vor der Begriff roter Zahlen für Verluste und schwarzer Zahlen für Gewinne geläufig ist und entsprechende Assoziationen hervorrufen kann. Zudem wird Zahlenmystik und Zahlensymbolik in der Kultur eine geradezu schicksalhafte Bedeutung zugeschrieben. Man denke hierbei nur an das Vermeiden der Unheil verheißenden Dreizehn. Eine konstante Verwendung der Zahl Vier kann wiederum im asiatischen Raum durchaus zu Irritationen führen, da die Zahl in Ländern wie Japan und China mit Furcht behaftet ist. In diesen Ländern wird die Verwendung der Zahl Vier oft vermieden, da sie ähnlich dem Wort für Tod ausgesprochen wird. Eine Betrachtung des Aufbaus einer internationalen Webseite aus diesem Blickwinkel drängt sich auf.

Genauso wie die Farbgebung ist die Bildauswahl ein wichtiges Element der visuellen Gestaltung einer Webseite, das von einem globalen Blickwinkel aus gesehen besonderes Augenmerk verdient.

Eine Webseite sendet, genauso wie jegliche Werbung, vor allen Dingen eine Botschaft. Das Identifizieren einer solchen Key Message ist grundlegend für das Erstellen einer globalen Webseite. Das Design der Seite ist danach so anzulegen, dass es dieselbe Botschaft unterstützt und verstärkt. Darüber hinaus müssen die Erwartungen der angesprochenen Zielgruppe in die Gestaltung einfließen. Dabei ist ein wesentlicher Faktor die Auswahl von Bildern und Grafiken, die die Botschaft einer Seite unterstützen.

Die Verankerung in unserem kulturellen Erbe und in unseren Traditionen ist oft tiefer verhaftet als uns bewusst ist. Internationale Kommunikation führt uns eine Reihe von Selbstverständlichkeiten vor Augen, für die wir sonst sehr leicht betriebsblind wären. Einflüsse aus der Religion gehen oft in unerwartete Richtungen. Würde man sich etwa im deutschsprachigen Raum über das Posten des Fotos eines Schweines in Verbindung mit einem Neujahrsgruß freuen, gilt dasselbe doch in islamisch dominierten Gegenden als unreines Tier. Ebenso vermitteln uns Bilder von Leuten, die einfach die Seele baumeln lassen und die Füße hochgestellt lagern, das Gefühl von Entspannung. In Fernost ist es jedoch ein Affront, mit den als schmutzig empfundenen Fußsohlen auf jemanden zu zeigen. Die wirtschaftliche Entwicklung einer Region ist ebenso zu berücksichtigen. Das Zur-Schau-Stellen von Wohlstand ist bei dem Bewerben eines von Armut und Arbeitslosigkeit gefährdenden Landes tunlichst zu vermeiden.

Durch Erhebung solcherart multikultureller Unterschiede wird im Vorfeld ein wesentlicher Beitrag zur Fehlervermeidung geleistet. Die Erkenntnis liefert Input für ein Webdesign, das Inhalt und Gestaltung auf lokale Aspekte abstimmt.

Herausforderung an das Design globaler Webseiten

6

Interkulturelle Kommunikation hat auf lokale Unterschiede in Bezug auf die Bedeutung von Inhalten Rücksicht zu nehmen. Das gilt auch für den Aufbau einer globalen Webpräsenz, wo Missverständnisse aufgrund von sprachlicher Ausdrucksweise aber auch grafischer Gestaltung und Abbildungen vorweg reduziert werden können, wenn Grundzüge der lokalen Kommunikations-Etikette bekannt sind und tiefgreifendes Verständnis für derartige Unterschiede vorhanden ist. Interkulturelle Kompetenz beschreibt dabei die Fähigkeit, effektiv und adäquat mit Vertretern anderer Kulturkreise zu kommunizieren. Sie beinhaltet den erfolgreichen Einsatz von Kommunikationskompetenzen im Zusammenhang mit Motivation, Wissen, Fertigkeit, Feinfühligkeit und Charakter. Denn nur allzu leicht kann aus Unwissenheit eine ablehnende emotionale Reaktion hervorgerufen werden, die aus Gefühlen der Verlegenheit und Beklemmung entsteht.

Interkulturelles Design berücksichtigt eine nutzer- und kulturorientierte Gestaltung von interaktiven Systemen und Produkten. Ein internationales Designprodukt berücksichtigt die verschiedenen kulturellen Nutzerbedürfnisse in Form eines internationalen Designansatzes mit Freiräumen für Lokalisierung.

6.1 Inhaltliches Design im internationalen Umfeld

Internationalisierung beschreibt den Prozess einer Generalisierung eines Produktes, sodass es mehrere Sprachen und kulturelle Konventionen bewältigen kann, ohne dass ein Re-Design erforderlich ist. Internationalisierung ist eine Grundvoraussetzung für das Erstellen globaler Webseiten, denn sie beschreibt vorbereitende Maßnahmen, um die Lokalisierung eines Web-Auftrittes zu erleichtern, zu beschleunigen, qualitativ zu steigern und kostenmäßig zu begünstigen. Sie berücksichtigt zusätzlichen Platz für die Übersetzung von Inhalten in Sprachen, die in längeren Texten resultieren. Sie schließt das Erstellen von Illustrationen ein, in

O. Meidl, *Globales Webdesign*, essentials,
DOI 10.1007/978-3-658-04088-8_6, © Springer Fachmedien Wiesbaden 2014

welchen Texte leicht ausgetauscht werden können. Sie trennt Content von Aufmachung und sie identifiziert vor allem kulturspezifische Elemente.

„Contexting“ beschreibt die Fähigkeit, fehlende Information aus dem Zusammenhang eines größeren Ganzen zu ergänzen. High-Context-Kommunikation ist ökonomisch, schnell und effizient. Sie kann sich auf ein Mindestmaß beschränken, weil sie auf vorprogrammierte Inhalte zurückgreift, die sich aus dem Zusammenhang ergeben. Wesentliche kulturelle Unterschiede bestehen in der Kommunikation sogenannter High-Context- und Low-Context-Kulturen. In High-Context-Kulturen breitet sich Information frei und schnell aus. Beispiele dafür finden sich in Ländern des mediterranen, asiatischen und arabischen Raumes. Ihre Bewohner können typischerweise auf ein umfangreiches Netzwerk an Familien-, Freundes-, Kollegen- und Kundenbeziehungen zurückgreifen. Aufgrund ihrer persönlichen Nähe benötigen ihre alltäglichen Erledigungen wenig Hintergrundinformation. Denn in High-Context Ländern wie Frankreich oder Japan fließt Information recht frei von allen Seiten. Im Gegensatz dazu fließt in Low-Context-Ländern wie den Vereinigten Staaten, Deutschland, der Schweiz, Skandinavien und anderen nordeuropäischen Staaten Information sehr gezielt und kontrolliert. Was Low-Context-Völker wie Anglo-Amerikaner und Deutsche gemeinsam haben, ist, dass sie sich mehr gegenüber ihren Mitmenschen verschließen. Konsequenterweise benötigt ihre Kommunikation, wenn sie passiert, mehr Informationsgehalt.

Die unterschiedlichen Kommunikationsstile bereiten globalen Webseiten Herausforderungen, da im Zuge einer Lokalisierung eine Änderung des Stils von einer Low-Context- auf eine High-Context-Kultur oder umgekehrt erwartet wird. Personen aus High-Context-Kulturen erwarten von einem Gesprächspartner, zu erkennen, was sie meinen, ohne dass sie spezifisch werden müssen. Sie geben gerne indirekte Hinweise, da ein direktes Ansprechen einem Affront gegenüber dem Gesprächspartner gleichkommen könnte. In einer High-Context-Kultur wird ein hohes Maß an Verständnis ungeschriebener Regeln vorausgesetzt. Viele Botschaften sind nur angedeutet und haben eine stillschweigend akzeptierte kulturelle Bedeutung, die sich aus dem bestehenden Deutungszusammenhang ergibt. Für Fremde ist daher das Tappen in kulturelle Fettnäpfchen vorprogrammiert. High-Context-Menschen werden dann ungeduldig und sind irritiert, wenn Low-Context-Personen ihnen Information mitteilen, die sie nicht benötigen. Umgekehrt fühlen sich Low-Context-Personen dann verloren, wenn ihnen High-Context-Gesprächspartner nicht genug Information zur Verfügung stellen.

Webseiten in High-Context-Kulturen beinhalten tendenziell auffälligere, animierte Effekte. Andererseits sind Webseiten in Low-Context-Kulturen eher statisch mit nur subtilen Effekten. Dabei lässt sich eine Analogie herstellen zu einer Neigung zu nonverbaler Ausdrucksweise in High-Context-Kulturen, wobei die

Bildschirmanimation eine alternative Kommunikationsform zu rein textlichen Inhalten darstellt. Die Lebhaftigkeit einer Webseite in einer High-Kontext Kultur wird oft von Hintergrundmusik oder Sound Effekten und durch die Verwendung von Pop-Up-Fenstern komplettiert.

Interessant sein kann man vor allem durch das Bereitstellen von für eine Zielgruppe relevanten und interessanten Inhalten. Unter den dafür nötigen Content fallen etwa die Homepage, eine Servicepage und ein Blog. Dazu gehören wertvolle Informationen zur „Lead Generation" bzw. Interessenten-Beschaffung wie White Papers, Webinars oder kostenlos bereitgestellte eBooks. Schließlich fällt auch der Off-Site-Content darunter, also ergänzende Inhalte, die außerhalb der eigenen Webseite zur Verfügung gestellt werden, wie Statusänderungen auf Facebook und Kurznachrichten auf Twitter. Embedded Links verweisen zusätzlich auf korrespondierende multimediale Inhalte, etwa auf ein Video auf YouTube, eine Slideshow auf Flickr oder eine Präsentation auf SlideShare.

Neben dem inhaltlichen hat auch das gestalterische Design von Weboberflächen ihren internationalen Ansprüchen gerecht zu werden.

6.2 Gestalterisches Design im länderübergreifenden Einsatz

Internationale Webseiten basieren auf dem länderübergreifenden Einsatz globaler Templates. Erfolgreiche Webseiten sind in 50 oder mehr Ländern präsent. Dabei kann ebendiese Standardisierung zu einem Wettbewerbsnachteil gegenüber explizit für bestimmte Märkte entwickelten Angeboten führen. Daher gilt es, in den Zielvorgaben eine sinnvolle Balance zwischen global-einheitlichen und lokalspezifischen Lösungen anzustreben. Der größtenteils standardisierte Aufbau wird so auf Basis lokaler kultureller Gegebenheiten spezifisch individualisiert, sodass der lokale Anwender gewohnte und erwartete Usability-Standards vorfindet.

In unserem Kulturkreis verläuft die klassische Leserichtung von links nach rechts, weswegen Elemente, die links oben positioniert sind, rasch auffallen. Daher sollen auch wichtige Navigationselemente entweder links oder oben platziert werden. Eine horizontale Anordnung von Navigationselementen wird jedoch schneller wahrgenommen. Ein oben angeordneter Navigationsbereich empfiehlt sich bei internationalen Webseiten auch deswegen, weil dadurch Steuerung unabhängig von der gewohnten Leserichtung ermöglicht wird. Dasselbe gilt für die Ausrichtung des Seiteninhalts.

Typisches Design von Webseiten besteht aus zwei bis drei Spalten, mit Content in der Mitte zwischen Navigation und funktionalen Links. Dieses Design wird tendenziell durch alle Sprachen und Kulturen kopiert. Dabei ist es interessant, zu beobachten, wie arabische Webseiten aufgrund der unterschiedlichen Leserichtung Spiegelbilder ihrer westlichen Schwesternseiten kreiert haben.

Mittels Optionen in Content Management Systemen lassen sich lokale Besonderheiten wie Maßeinheiten oder Adressformate abbilden. Bilder werden landesspezifisch ausgewählt und lokale Inhalte können in dafür vorgesehenen Bereichen der Webseite abgelegt werden. Ein gemeinschaftlicher Template bringt jedoch auch kulturell bedingte Wahrnehmungsunterschiede mit sich. Ein aufgeräumtes Design wird in westlichen Ländern als Vorteil gesehen, während Seiten im asiatischen Raum eher voll wirken sollen. Hier kann bei einem westlich geprägten, globalen Template der Eindruck entstehen, dass auf der Seite wenig Information geboten werde und nicht viel zu tun sei.

Zentrierte Ausrichtung von Webseiten wird flüssiger und linksbündiger Anordnung aufgrund des Vorteils vorgezogen, dass Inhalte, die in der Mitte des Bildschirms sitzen, unmittelbarer auf den Benutzer wirken. Derart „Centered Designs“ werden gerne mit fester Breite kombiniert. Die Beschränkung der Breite des Inhalts verhindert dabei die Anzeige sehr langer und damit ineffizienter Textzeilen auf größeren Bildschirmen.

Neben inhaltlichem und gestalterischem Design selektiert eine Vorauswahl das Zielpublikum eines Webauftritts wie keine andere. Es handelt sich um die Sprache, in der die Webseite implementiert wird.

6.3 Sprachgestaltung und sprachliche Lokalisierung

Um einen international erfolgreichen Webauftritt zu schaffen, reicht es nicht, sich auf einen „one size fits all“-Zugang zu beschränken. Um vermehrt Kunden anzuziehen und beizubehalten, ist eine zusätzliche Lokalisierung der Webseite unabdingbar. Dabei geht es nicht alleine um die Übersetzung in eine bestimmte Sprache sondern auch um das Berücksichtigen lokaler Konventionen. Augenscheinliche Unterschiede beginnen mit unterschiedlichen Maßeinheiten, Keyboard-Konfigurationen, Standard-Papierformaten, Zeichensätzen und Schreibweisen von Datums-, Zeit-, Adress-, Zahlen- und Währungsangaben. Scherze, Symbole, Icons, Grafiken und sogar Farben können in verschiedenen Ländern zu unterschiedlichen und auch negativen Reaktionen führen. Dasselbe gilt für den Ton der sprachlichen Formulierung, weshalb Texte besser neu geschrieben anstatt rein übersetzt werden sollen.

Die „Localization Industry Standards Association“ definiert Lokalisierung als die linguistische und kulturelle Anpassung eines Produkts entsprechend der

Zielumgebung, wo es verwendet und verkauft wird. Globale Unterschiede in der Weltsicht spiegeln wider, dass sich Kulturen nicht nur in ihren Gebräuchen und Vorstellungen unterscheiden, sondern auch in ihren Moralvorstellungen. Vorsicht ist besonders in der Anwendung von Humor geboten, der beispielsweise in den USA als cleverer Einstieg zu einem Thema verstanden wird. Denn Humor reist nicht gut durch verschiedene Kulturen. In anderen Regionen gilt das Teilen von Humor oder von persönlicher Information wiederum als unprofessionell oder aufgrund des eigenen Status in der Organisationshierarchie als unpassend.

Bei Lokalisierung wird der Einfluss der fünf Kulturdimensionen nach Geert Hofstede augenscheinlich. Sie beschreiben Faktoren wie Machtdistanz, Individualismus, Vorstellung von Maskulinität und Femininität, Verhalten zur Vermeidung von Unsicherheit und Langzeit-Orientierung, einschließlich Auswirkungen der konfuzianischen Wiedergeburtslehre. Diese Faktoren stellen Rahmenbedingungen dar, welche bei lokaler Kommunikation unbedingt zu beachten sind.

Bei einer Webseite ist grundsätzlich zwischen lokalen und lokalisierten Inhalten zu unterschieden. Lokaler Content wird spezifisch für einen bestimmten Markt entwickelt. Lokalisierter Content wird zentral erstellt und danach für den entsprechenden Markt übersetzt und angepasst. Icons in Form von Flaggen werden gerne zur Sprachauswahl in Ländern mit mehr als einer offiziellen Sprache verwendet. Übersetzer haben zumeist mit Platzeinschränkungen zu kämpfen. Übersetzungen in andere europäischen Sprachen sind bis zu 30 % länger als englische Texte. Daher müssen Dialogboxen erweiterbar sein, um übersetzte Begriffe vollständig anzeigen zu können. Oft werden verkürzte Übersetzungen und Abkürzungen zu Hilfe genommen. Bei der Entscheidung, in welchen Sprachen eine globale Webseite angeboten wird, richtet sich der Blick zuallererst auf die im Internet am meisten verbreiteten Sprachen.

Die zehn führenden Sprachen unter den Internet-Benutzer waren im Juni 2010 Englisch, Chinesisch (Mandarin), Spanisch, Japanisch, Portugiesisch, Deutsch, Arabisch, Französisch, Russisch und Koreanisch. Im Jahr 2012 konnten 72 % der Internet-Benutzer mit den zehn meistverbreiteten Sprachen erreicht werden. Mit zunehmender Anzahl der Internet-Benutzer sinkt dieser Prozentsatz jedes Jahr. Von führenden globalen Webseiten werden mittlerweile im Schnitt 32 verschiedene Sprachen angeboten. Durch Übersetzung in die am meisten verbreiteten Sprachen wird eine Nutzenmaximierung angestrebt, indem Sprachbarrieren zu einem möglichst großen Zielpublikum abgebaut werden. Die Sprache der Webseite beeinflusst gleichermaßen deren Verlinkung. Links werden vorrangig zu in derselben Sprache abgefassten Webseiten gesetzt.

Die Sprachwahl einer globalen Webseite soll jedoch ebenso berücksichtigen, dass viele ihrer Besucher auch eine andere Sprache als Muttersprache haben können. Die Textierung soll daher weniger in grammatischen Feinheiten brillieren als versuchen, Inhalte einfach und abwechslungsreich zu vermitteln, durch gezielte Wortwahl unter Zuhilfenahme von wiederkehrenden Schlüsselbegriffen und die Vermischung mit multimedialen Elementen aus der Web 2.0-Welt.

Neben inhaltlichen, gestalterischen und linguistischen Design-Aspekten gibt es eine weitere interkulturelle Variable, welche die Einsatzfähigkeit einer Webseite ausmacht. Es handelt sich um unterschiedliche technische Herausforderungen.

7 Herausforderung an die technische Umsetzung

Die Anpassung an lokale Besonderheiten ist eine Voraussetzung, um kundengerechte Produkte anbieten zu können. Die Nutzersysteme müssen auf ihren Einsatzort hin optimiert werden. Bei der technischen Lokalisation sind beispielsweise eine instabile Stromversorgung und klimatisch bedingte Arbeitsraumbesonderheiten in Betracht ziehen. Aber auch lokale Infrastruktur und Konnektivität fallen unter diesen Aspekt.

Die wohl größte Herausforderung an die technische Umsetzung liegt in einem der unmittelbarsten und spürbarsten Bereiche, der Site Performance.

7.1 Leistungserwartungen an globale Webseiten

Die Frage nach der Leistung einer Webseite kann in vielerlei Hinsicht beantwortet werden. Einerseits steht im Vordergrund, ob sie Nutzeranfragen entsprechend der in sie gesetzten Erwartungen ausführt. Andererseits führen zu lange Antwortzeiten und geringe Verfügbarkeit zu Frustrationen bei ihren Nutzern. Die Performance moderner Webseiten unterliegt dabei verschiedenen Einflussfaktoren, darunter der Umfang der Webseite und die Anzahl der zu ladenden Objekte.

Das am häufigsten genannte Problem im World Wide Web stellt nach wie vor die Ladezeit dar. Denn Ladezeit ist Wartezeit, und wer wartet schon gerne? Für die oft beklagte Response Time einer Webseite ist jedoch das Zusammenspiel verschiedener Faktoren verantwortlich, wie: Durchsatz des Servers, Verbindung des Servers zum Internet, Internet-Übertragungsraten, Verbindung des Benutzers zum Internet und zuletzt der eingesetzte Web-Browser. Im Zusammenhang mit Site-Performance gilt die „Drei-Sekunden-Regel", eine Erweiterung der „Drei-Klick-Regel" des Usability-Bereichs. Sie besagt, dass Kunden, die nach drei Sekunden nichts zu sehen bekommen, dazu neigen, die Geduld zu verlieren und eine andere Webseite anzusteuern.

O. Meidl, *Globales Webdesign*, essentials,
DOI 10.1007/978-3-658-04088-8_7, © Springer Fachmedien Wiesbaden 2014

Die technische Implementierung und dabei vorrangig die Performance ist ein weltweit kritischer Faktor für die Wahrnehmung und den Erfolg einer Webseite. Deshalb sollte das Wissen um die technische Ausrüstung der Zielgruppe eine Rolle spielen. Lokales Hosting sollte dort erwogen werden, wo etwa wie in China die Verbindung zu in anderen Ländern gehosteten Webseiten niedriger ist.

Eine weitere Herausforderung entsteht durch Performance-Schwankungen aufgrund von zu großem Andrang auf eine Webseite. Die Service-Qualität bei E-Commerce und Event Ticketing-Webseiten hängt vor allem von der durchschnittlichen Antwortzeit, möglichen Service-Delay-Bereichen und einer angemessenen Anzahl von simultanen Benutzerzugriffen ab. Wenn der Geschäftsabschluss zu lange dauert, wird der Kunde den Webshop verlassen. Eine Möglichkeit zur Vermeidung resultierender Verlangsamung einer Secured Website ist die Begrenzung der maximalen Zahl der eingeloggten Benutzer. Darüber hinausgehende Anmeldeversuche werden mit dem Verweis, es später noch einmal zu versuchen, abgewiesen. Eine benutzerfreundlichere Umsetzung von derartigen Zugriffsrestriktionen auf Webshops oder auch Online-Games weist mittels Pop Up-Fenster ein Ticket mit einer Wartenummer zu und informiert über die Länge der virtuellen Warteschlange und die durchschnittliche Wartezeit.

Website-Performance ist zudem zu einem Kriterium der Reihung einer Webseite in Suchmaschinen geworden. Die an die 200 Ranking-Faktoren des Google-Algorithmus berücksichtigen seit dem Jahr 2010 die Ladezeit von Webseiten. Dabei wird beim Webcrawling die Auslieferungszeit zwischen der ersten Anfrage der Googlebots und der Auslieferung des letzten Bytes gemessen. Als weiterer Faktor kommt die Zeitspanne bis zur Auslieferung der gesamten Seite hinzu, inklusive Grafiken, Werbebannern und JavaScript. Verfügbarkeitsziele und Failover-Lösungen stellen einen weiteren Performance-Faktor dar. Dabei sind Nicht-Verfügbarkeitszeiten für Wartungsmaßnahmen nicht nur zu minimieren, sondern auch konkret zu planen.

Globale Unterschiede bestehen jedoch nicht nur im Performance-Bereich sondern bereits bei der Registrierung einer Webseite. Bevor ein Geschäft im Internet abgewickelt werden kann, muss eine Webseite an zwei Stellen eingetragen werden. Zum ersten ist die Webadresse im Zentralen URL-Register zu registrieren. Zum anderen ist ein Eintrag in Verzeichnissen und Suchmaschinen anzustreben, welche entsprechende Anfragen an die geeignete URL weiterleiten.

7.2 Domain- und URL-Gestaltung globaler Webseiten

Das Abrufen von Webseiten basiert auf einer Kommunikation zwischen Rechnern im Internet auf Grundlage des „Transmission Control Protocol/Internet Protocol (TCP/IP)“-Standards, einem Satz von Kommunikationsprotokollen und Schnittstellen zur Verknüpfung unterschiedlicher Rechnernetzwerke. Zum Aufruf einer Webseite wird das Hypertext Transfer Protokoll verwendet, was zur Folge hat, dass Internet-Adressen mit „http" beginnen. Ein weiteres netztypisches Verständigungsformat bildet die Hypertext Markup Language, welche auch Meta-Informationen zur bildlichen Gestaltung einer Webseite beinhaltet. Identifiziert wird eine Webseite anhand einer Zahlenkombination, ihrer IP-Adresse. Um die Merkbarkeit zu erhöhen, wird diese durch einen Buchstabencode, den „Uniform Resource Locator", ersetzt.

Die URL beschreibt dabei Format und Ort, in dem und wo die gewünschte Information abgerufen werden kann. Typischerweise besteht eine URL aus der Protokollangabe „http://", der Netzangabe „www.", der frei wählbaren Second Level Domain und einer Top Level Domain wie „.com", „.gov" oder „.at". Danach befinden sich der Pfad und der Dateiname. Bookmarks sind optionale Teile von Domains, welche durch ein Hash-Symbol vom Dateinamen getrennt sind.

Gesunder Menschenverstand sowie die Logik von Suchmaschinen sprechen dafür, dass die Adresse eines Online-Auftritts den Namen oder den Gegenstand des Unternehmens wiederspiegelt. Viele Organisationen reservieren zusätzlich ihre bekannten Markennamen und Slogans. Die zuständige Stelle für die Registrierung von Internet-Adressen, das „Network Information Center (NIC)", akzeptiert dabei Domain-Namen in der Reihenfolge der eingehenden Anträge. Von Domain-Grabbing oder Cybersquatting spricht man bei Registrierungen, die das Kennzeichnungsrecht Dritter verletzen, mit dem Ziel, die Domäne dem Rechteinhaber zum Kauf anzubieten. Kennzeichenrechtliche Vorschriften kommen bei Domainstreitigkeiten dann zur Anwendung, wenn die Domainverwendung eine Benutzung einer geschützten Marke, eines Werktitels oder eines Unternehmenskennzeichens darstellt. Wettbewerbsrechtliche wie markenrechtliche Ansprüche, inklusive das Verhindern unlauterer Ausnutzung von Verwechslungsgefahr bei der Verwendung ähnlicher Kennzeichen, sind jedoch nur bei einer Domain-Verwendung im geschäftlichen Verkehr gegeben.

Die hierarchische Struktur des Domain Name Service beinhaltet generische und landesbezogene Top Level Domains wie das in den USA bevorzugte „.com" für „commerical", die Landesdomain „.de" für Deutschland sowie die darunterliegenden Subdomains. Dabei steht „.co.jp" beispielsweise für eine „commercial enterprise" in Japan, denn nicht alle Länder administrieren ihre Domain-Namen gleich. In China finden sich oft Domänen, die auf „.com.cn" enden. Mit über 12 Millionen Registrierungen ist Chinas Landesdomain „.cn" die weltweit zweithäufigste Top Level Domain.

Unter den Top Level Domains ist „.com" am weitesten verbreitet und wird daher oft von Kunden erwartet. Das kann bei Seiten, die mit „.net", „.org" oder „.biz" enden, zu Verwechslungen führen. Wenn ein Domainname bereist vergeben ist, empfiehlt es sich, einen unterschiedlichen Begriff zu verwenden, um zu vermeiden, dass ein Kunde irrtümlich auf der Webseite der Konkurrenz landet. Einen guten Domain-Namen zeichnet aus, dass er im Gespräch eindeutig artikuliert werden kann und nicht für Tippfehler anfällig ist.

Länder-Codes spielen eine wichtige Rolle bei großen, internationalen Webseiten. Sie werden von der „Internet Assigned Numbers Authority (IANA)" verwaltet und sie spielen auch eine Rolle dabei, wie Firmen ihre Webauftritte intern organisieren. Eine weitere Möglichkeit ist die Auswahl des entsprechenden Landes auf der Hauptseite des Unternehmens und ein nachfolgendes Redirect zur Landes-URL, die mittels Subdirectory angelegt wird. Während die meisten Domain-Namen auf dem internationalen Standard-Zeichensatz basieren, erlauben Verfahren wie RACE und Punycode auch multilinguale Domain-Namen (MDNs). Mittels Übersetzung von Sonderzeichen in den ASCII-Code ermöglichen sie das Darstellen nationaler Zeichensätze.

In weiterer Folge stellt sich die Frage nach der Architektur eines Gesamtkonzeptes zur Realisierung einer „global Website", das den vielfältigen Ansprüchen an sie gerecht wird. Zu diesen und weiteren Fragen sei an dieser Stelle auf das Buch „Global Website – Webdesign im internationalen Umfeld" verwiesen. Es führt die besprochenen Themen im Detail weiter aus, um mögliche Konsequenzen auf Umsetzungsprojekte abzuleiten. Zudem geht es vertiefend auf Erfolgsmessung durch Web-KPIs ein. Dabei beschreibt es ein Modell zur Bewertung globaler Webseiten vom wohl wichtigsten Standpunkt: aus der Sicht des Kunden.

Weiterführende Literatur

Alford, W.P.: To steal a book is an elegant offense. Intellectual property law in Chinese Civilization. Stanford (1995)

Amazon China (Hrsg.): Amazon.cn, Beijing. http://www.amazon.cn/ (2012). Zugegriffen: 19. Juli 2012

Amazon EU S.a.r.l. (Hrsg.): Amazon.de, Luxemburg. http://www.amazon.de/ (2012). Zugegriffen: 19. Juli 2012

Awio Web Services LLC.: W3 Counter. Web Browser Market Share Trends. August 2012, Lansdale. http://www.w3counter.com/trends (2012). Zugegriffen: 29. Sept. 2012

BB Online UK Ltd. (Hrsg.): International domain registration, and IP protection. Asian Domains: China (.com.cn), Longfield. http://www.bb-online.com/domainnames/com.cn.shtml (2012). Zugegriffen: 20. Okt. 2012

Bundeskanzleramt der Republik Österreich. (Hrsg.): Allgemeines bürgerliches Gesetzbuch für die gesammten deutschen Erbländer der Österreichischen Monarchie (ABGB), Wien. http://www.ris.bka.gv.at/GeltendeFassung.wxe?Abfrage=Bundesnormen & Gesetzesnummer=10001622 (2012). Zugegriffen: 16. Juni 2012

Bundeskanzleramt der Republik Österreich. (Hrsg.): Bundesgesetz vom 12. Juni 1981 über die Presse und andere publizistische Medien (Mediengesetz, MedienG), Wien. http://www.ris.bka.gv.at/GeltendeFassung.wxe?Abfrage=Bundesnormen & Gesetzesnummer=10000719 (2012). Zugegriffen: 16. Juni 2012

Bundeskanzleramt der Republik Österreich. (Hrsg.): Bundesgesetz über den Schutz personenbezogener Daten (Datenschutzgesetz 2000, DSG 2000), Wien. http://www.ris.bka.gv.at/GeltendeFassung.wxe?Abfrage=bundesnormen & Gesetzesnummer=10001597 (2012). Zugegriffen: 16. Juni 2012

Bundeskanzleramt der Republik Österreich. (Hrsg.): Bundesgesetz über das Urheberrecht an Werken der Literatur und der Kunst und über verwandte Schutzrechte (Urheberrechtsgesetz, UrhG), Wien. http://www.ris.bka.gv.at/GeltendeFassung.wxe?Abfrage=Bundesnormen & Gesetzesnummer=10002180 & ShowPrintPreview=True (2012). Zugegriffen: 16. Juni 2012

Bundeskanzleramt der Republik Österreich. (Hrsg.): Markenschutzgesetz 1970 der Republik Österreich (MSchG), Wien. http://www.ris.bka.gv.at/GeltendeFassung.wxe?Abfrage=Bundesnormen & Gesetzesnummer=10001848 & ShowPrintPreview=True (2012). Zugegriffen: 16. Juni 2012

O. Meidl, *Globales Webdesign*, essentials,
DOI 10.1007/978-3-658-04088-8, © Springer Fachmedien Wiesbaden 2014

Cable News Network. (Hrsg.): CNN.com. Breaking, World, Business, Sports, Entertainment and Video News, Atlanta. http://www.cnn.com/ (21.7.2012) and http://arabic.cnn.com/ (2012). Zugegriffen: 21. Juli 2012

Council of the European Union. (Hrsg.): Anti-Counterfeiting Trade Agreement between the European Union and its Member States, Australia, Canada, Japan, the Republic of Korea, the United Mexican States, the Kingdom of Morocco, New Zealand, the Republic of Singapore, the Swiss Confederation and the United States of America, Brüssel. http://register.consilium.europa.eu/pdf/en/11/st12/st12196.en11.pdf (2011). Zugegriffen: 15. Apr. 2012

Craig, T., Ludloff, M.: Privacy and Big Data. Sebastopol (2011)

De Troyer, O.: Audience-driven web design. In: Rossi, M., Siau, K. (Hrsg.) Information modeling in the new millennium. Brussels (2001)

De Troyer, O., Castelyn, S.: Designing Localized Web Sites. In: Zhou, X., Su, S., Papazoglou, M.P., Orlowska, M.E., Jeffery, K.G. (Hrsg.) Proceedings of the 5th International Conference on Web Information Systems Engineering (WISE2004), Brisbane, S. 547–558. http://upv.academia.edu/SvenCasteleyn/Papers/337856/Designing_Localized_Web_Sites (2004). Zugegriffen: 3. März 2012

Diffily, S.: The website manager's Handbook. o.O. (2006)

Dirnbauer, K.: Usability. Grundlagen, Beispiele, Trends. Wien (2000)

Doppelfeld, B.: Symbole IV. Mensch und Zahl, Münsterschwarzacher Kleinschriften 83. Münsterschwarzach (1994)

E-Commerce-Center Handel Köln. (Hrsg.): Website-Gestaltung für kleine und mittlere Unternehmen. Inhaltlich-gestalterische, technische, organisatorische und rechtliche Anforderungen an eine professionelle Website, Köln. http://www.wt-os.de/fileadmin/user_upload/alle/reco/leitfaden-website-gestaltung-fuer-kmu-web.pdf (2010). Zugegriffen: 30. Juni 2012

Eickmann, J., Kiellisch, T.: Website-Performance. Der messbare Augenblick, o.O. http://www.ibusiness.de/wrapper.cgi/www.ibusiness.de/files/jb_1068713866_1279609866.pdf (2010). Zugegriffen: 14. Juni 2012

Enge, E., Spencer, S., Fishkin, R., Stricchiola, J.C.: The Art of SEO. Mastering Search Engine Optimization. Sebastopol (2010)

Esselink, B.: A Practical Guide to Localization. Amsterdam (2000)

European Commission. (Hrsg.): Was ist das ACTA?, Brüssel. http://trade.ec.europa.eu/doclib/docs/2012/february/tradoc_149034.pdf (2011). Zugegriffen: 15. Apr. 2012

European Commission. (Hrsg.): Proposal for a revision of the Directive on the enforcement intellectual property rights (Directive 2004/48/EC), Road Map Version 3, Brussels. http://ec.europa.eu/governance/impact/planned_ia/docs/2011_markt_006_review_enforcement_directive_ipr_en.pdf (2012). Zugegriffen: 15. Apr. 2012

Europäisches, Parlament/Europäischer, Rat. (Hrsg.): Richtlinie 95/46/EG des Europäischen Parlaments und des Rates vom 24. Oktober 1995 zum Schutz natürlicher Personen bei der Verarbeitung personenbezogener Daten und zum freien Datenverkehr (RL 95/46/EG). Brüssel. http://eur-lex.europa.eu/LexUriServ/LexUriServ.do?uri=CELEX:31995L0046:DE:NOT (1995). Zugegriffen: 1. Mai 2012

European Parliament/ European Council. (Hrsg.): Directive 2001/29/EC of the European Parliament and of the Council of 22 May 2001 on the harmonisation of certain aspects of copyright and related rights in the information society. Brussels. http://europa.eu/legislation_summaries/information_society/data_protection/l26053_en.htm (2001). Zugegriffen: 6. Juli 2012

Federal Trade Commission. (Hrsg.): Facts for Consumers. Dot Cons. Washington DC. http://www.ftc.gov/bcp/edu/pubs/consumer/tech/tec09.shtm (2000). Zugegriffen: 5. Sept. 2012

Fling, B.: Mobile Design and Development. Practical Concepts and Techniques for Creating Mobile Sites and Web Apps. Sebastopol (2009)

Galatovic, M.: Was Auditoren über Compliance und Verschlüsselungstechnologien denken. In: Deutsche ORACLE-Anwendergruppe e. V. (Hrsg.) DOAG News 5, 31–33 (2011)

Garfinkel, S., Spafford, G.: Web Security, Privacy and Commerce. Sebastopol (2002)

Graf, W.: Datenschutzrecht im Überblick, 2. Aufl. Wien (2010)

Hall, E.T.: Beyond Culture. New York-Toronto (1989)

Hall, E.T., Hall, M.R.: Understanding Cultural Differences. Germany, French and Americans. Yarmouth (1990)

Haybäck, G.: Grundzüge des Marken- und Immaterialgüterrechts, 3. Aufl. Wien (2009)

Hellwig, J.: Websites mit CSS3 Media Queries für iPhone, iPad, Android & Co. optimieren. o.O. http://blog.kulturbanause.de/2011/04/websites-mit-css3-media-queries-fur-iphone-ipad-android-co-optimieren/ (2011). Zugegriffen: 3. Juni 2012

Heng, C.: Designing Your Website for Browser and Platform Compatibility (Updated). o.O. http://www.thesitewizard.com/archive/compatibility.shtml (2002). Zugegriffen: 3. Juni 2012

Hofstede, G.H.: Culture's Consequences. Comparing, Values, Behaviors, Institutions, and Organizations. Thousand Oaks (2001)

Hofstede, G.H., Hofstede, G.J., Minkov, M.: Cultures and Organizations. Software of the Mind. Intercultural Cooperation and Its Importance for Survival, 3. Aufl. New York (2010)

Huber, F., Dingeldey, D.: Ratgeber Domain-Namen. Domain-Registrierung, Recht & Handel mit Tipps und Tricks aus der Praxis und wichtigen Musterverträgen. Starnberg (2001)

Hunt, B.: Current Style in Modern Web Design. o.O. http://www.webdesign fromscratch.com/web-design/current-style/ (2006). Zugegriffen: 15. Apr. 2012

Keeker, K.: Improving Web Site Usability and Appeal, o.O. http://msdn.microsoft.com/en-us/library/office/cc889361%28v=office.11%29.aspx (2008). Zugegriffen: 1. Sept. 2012

Kim, J.-S., Seo, S.-K. S.: Experiment and Analysis for QoS of E-Commerce Systems. Journal of Theoretical and Applied Electronic Commerce Research, 3. http://www.jtaer.com/dec2006/kim_seo_p1.pdf (2006). Zugegriffen: 29. Juli 2012

Kittler, A., Gibbert, R., Ehlers, C.: Web Globalization balanced by User Experience. In: Röse, K., Brau, H. (Hrsg.) Usability Professionals. Stuttgart (2008)

Köhler, M., Arndt, H.-W., Fetzer, T.: Recht des Internet, 6. Aufl. Heidelberg-München-Landsberg-Berlin (2008)

Kralisch, A., Mandl, T.: Barriers of Information Access across Languages on the Internet: network and Language Effects. In: Proceedings Hawaii International Conference on System Sciences. o.O. http://fiz1.fh-potsdam.de/volltext/hildesheim/10075.pdf (2006). Zugegriffen: 13. Sept. 2012

Landes, W.M., Posner, R.A.: The Economic Structure of Intellectual Property Law. Cambridge (2003)

Liez, K.: Tips in Choosing Colors for Brand Identity. o.O. http://naldzgraphics.net/tips/best-brand-color-identity-tips/ (2011). Zugegriffen: 7. Sept. 2012

Loranger, H., Nielsen, J.: Web Usability. München (2006)

MacDonald, M.: Creating a web site. The missing manual, 3. Aufl. Sebastopol (2011)

Matzler, K., Waiguny, M., Toschkov, A., Mooradian, T.A.: Usability, Emotions and Customer Satisfaction in Online Travel Booking. Linz-Klagenfurt-Williamsburg (2006)

Meidl, O.: Global Website. Webdesign im internationalen Umfeld. Wiesbaden (2013)

Merchant, S., Merchant, J.E.: Diversity Orientation and Cultural Differences in the Implementation of Information Technology. In: Blanchard, E.G., Allard, D. (Hrsg.) Handbook of research on culturally-aware information technology. Perspectives and Models, S. 27–48. Hershey (2011)

Miniwatts Marketing Group. (Hrsg.): Internet World Users by Language. Top Ten Languages, in: Internet World Stats. Usage and Population Statistics, Bogota, Colombia. http://www.internetworldstats.com/stats7.htm (2012). Zugegriffen: 17. Juni 2012

Morville, P., Rosenfeld, L.: Information Architecture for the World Wide Web: Designing Large-Scale Websites, 3 Aufl. Sebastopol (2007)

Nationaler Volkskongress der VR China. (Hrsg.): Verfassung der Volksrepublik China, angenommen auf der 5. Tagung des V. Nationalen Volkskongresses am 4. Dezember 1982. Peking. http://www.verfassungen.net/rc/verf82-i.htm (1983). Zugegriffen: 1. Mai 2012

Net Applications. (Hrsg.): Market Share. Browser Market Share, Operating System Market Share, and Search Engine Market Share for Mobile, Tablet and Desktop. June 2012, Aliso Viejo. http://www.netmarketshare.com/ (2012). Zugegriffen: 8 Juli 2012

Netzwelt. (Hrsg.): Multi Column Layout. Webseiten im Zeitungslayout, o.O. http://www.netzwelt.de/news/80040_3-webstandards-web-ohne-flash-moeglich.html (2011). Zugegriffen: 6. März 2012

Neville, K.: Designing Style Guidelines For Brands And Websites, o.O. http://www.smashingmagazine.com/2010/07/21/designing-style-guidelines-for-brands-and-websites/ (2010). Zugegriffen: 30. Jan. 2012

Nielsen, J: Usability Engineering. San Diego (1993)

Nielsen, J.: The Need for Speed, o.O. http://www.useit.com/alertbox/9703a.html (1997). Zugegriffen: 1. Sept. 2012

Nielsen, J.: Designing Web Usability. München (2001)

Nielsen, J.: Ten Usability Heuristics, o.O. http://www.useit.com/papers/heuristic/heuristic_list.html (2005). Zugegriffen: 30. Jan. 2012

Noack, S.: Interkulturelles Webdesign. Andere Länder – Andere Seiten. Norderstedt (2007)

O'Sullivan, D.: Wikipedia. A new community of practice? Surrey (2009)

Österreichisches Normungsinstitut. (Hrsg.): ÖNORM A 7700 – der Standard für die Sicherheit von Webanwendungen, Wien. http://www.a7700.org/ (2008). Zugegriffen: 6. Juli 2012

Pando Networks. (Hrsg.): Pando Network Releases Global Internet Speed Study, New York. http://www.pandonetworks.com/Pando-Networks-Releases-Global-Internet-Speed-Study und http://chartsbin.com/view/2484 (2011). Zugegriffen: 23. Juni 2012

Peterson, L.K., Cullen, C.D.: Global Graphics: Color. Designing with Color for an International Market. Glouchester (2000)

Porter, J.: Testing the Three-Click Rule, o.O. In: User Interface Engineering (Hrsg.) URL: http://www.uie.com/articles/three_click_rule/ (2003). Zugegriffen: 19. Juli 2012

Porter, M. E.: Strategy and Internet. In: Harvard Business Review, 3, 62–78 (2001)

Samovar, L.A., Porter, R.E., McDaniel, E.R.: Communication between cultures. Boston (2010)

Schein, E. H.: Organizational Culture and Leadership, 4. Aufl. San Francisco (2010)

Seng, D.: Comparative Analysis of the National Approaches to the Liability of Internet Intermediaries, Singapore. http://www.wipo.int/copyright/en/doc/liability_of_internet_intermediaries.pdf (2011). Zugegriffen: 30. Juni 2012
Siebel, T.M., House, P.: Cyber Rules. Die neuen Regeln für Spitzenerfolge im @-Business. Landsberg-Lech (2000)
Sklar, J.: Principles of Web Design, 5. Aufl. Boston (2012)
Smith, L.: United States House of Representatives Judiciary Committee: Myth vs. Fact. Stop Online Piracy Act. Washington DC. http://judiciary.house.gov/issues/Rogue%20Websites/011812_SOPA%20Myth%20vs%20Fact.pdf (2012). Zugegriffen: 15. Apr. 2012
Spooner, C: Create a Responsive Web Design with Media Queries, o.O. http://line25.com/tutorials/create-a-responsive-web-design-with-media-queries (2012). Zugegriffen: 3. Juni 2012
Thurstun, J.: Screen reading. The challenge of the new literacy. In: Gibbs, D., Krause, K.-L. (Hrsg.) Cyberlines 2.0. Languages and Cultures of the Internet, S. 81–108. Albert Park (2006)
U.S. Department of Commerce. (Hrsg.): Safe Harbor Privacy Principles, Washington DC. http://export.gov/safeharbor/eu/eg_main_018475.asp (2000). Zugegriffen: 6. Juli 2012
Vest, J., Pochran, S., Crowson, W.: Exploring Web Design. Clifton Park (2005)
Waiguny, M., Toschkov, A., Matzler, K., Hoppe, M.: Usability dimensions and their emotional outcome. Klagenfurt (2008)
Wang, H: Protecting Privacy in China. A Research on China's Privacy Standards and the Possibility of Establishing the Right to Privacy and the Information Privacy Protection Legislation in Modern China. Berlin-Heidelberg (2011)
Winter, M.: Mathematik und Kultur. Denk- und Fragewürdiges. In: Laer, H.V., Scheer, K.-D. (Hrsg.) Kultur und Kulturen, S. 243–276. Münster (2004)
Wuebben, J: Content is currency. Developing powerful content for web and mobile. Boston (2011)
Würtz, E: A cross-cultural analysis of websites from high-context cultures and low-context cultures. In: Journal of Computer-Mediated Communication 1, http://jcmc.indiana.edu/vol11/issue1/wuertz.html (2005). Zugegriffen: 21. Juli 2012
Yunker, J.: Beyond Borders. Web Globalization Strategies. Boston (2003)
Yunker, J.: The Web Globalization Report Card 2012. Analyzing Leading Websites including Mobile & Socal Best Practices, Ashland, OR. http://www.bytelevel.com/reportcard2012/WebGlobalizationReportCard2012-SAMPLE.pdf (2012). Zugegriffen: 25. June 2012
Zühlke, D.: Useware-Engineering für technische Systeme. Berlin (2004)